ARABE

VOCABULAIRE

POUR L'AUTOFORMATION

FRANÇAIS
ARABE

Les mots les plus utiles
Pour enrichir votre vocabulaire et aiguiser
vos compétences linguistiques

3000 mots

**Vocabulaire Français-Arabe pour l'autoformation - 3000 mots
Dictionnaire thématique**
Par Andrey Taranov

Les dictionnaires T&P Books ont pour but de vous aider à apprendre, à mémoriser et à réviser votre vocabulaire en langue étrangère. Ce dictionnaire thématique couvre tous les grands domaines du quotidien: l'économie, les sciences, la culture, etc ...

Acquérir du vocabulaire avec les dictionnaires thématiques T&P Books vous offre les avantages suivants:

- Les données d'origine sont regroupées de manière cohérente, ce qui vous permet une mémorisation lexicale optimale
- La présentation conjointe de mots ayant la même racine vous permet de mémoriser des groupes sémantiques entiers (plutôt que des mots isolés)
- Les sous-groupes sémantiques vous permettent d'associer les mots entre eux de manière logique, ce qui facilite votre consolidation du vocabulaire
- Votre maîtrise de la langue peut être évaluée en fonction du nombre de mots acquis

T&P Books Publishing
www.tpbooks.com

ISBN: 978-1-78716-799-5

Ce livre existe également en format électronique.
Pour plus d'informations, veuillez consulter notre site: www.tpbooks.com ou rendez-vous sur ceux des grandes librairies en ligne.

VOCABULAIRE ARABE POUR L'AUTOFORMATION
Dictionnaire thématique

Les dictionnaires T&P Books ont pour but de vous aider à apprendre, à mémoriser et à réviser votre vocabulaire en langue étrangère. Ce lexique présente, de façon thématique, plus de 3000 mots les plus fréquents de la langue.

- Ce livre comporte les mots les plus couramment utilisés
- Son usage est recommandé en complément de l'étude de toute autre méthode de langue
- Il répond à la fois aux besoins des débutants et à ceux des étudiants en langues étrangères de niveau avancé
- Il est idéal pour un usage quotidien, des séances de révision ponctuelles et des tests d'auto-évaluation
- Il vous permet de tester votre niveau de vocabulaire

Spécificités de ce dictionnaire thématique:

- Les mots sont présentés de manière sémantique, et non alphabétique
- Ils sont répartis en trois colonnes pour faciliter la révision et l'auto-évaluation
- Les groupes sémantiques sont divisés en sous-groupes pour favoriser l'apprentissage
- Ce lexique donne une transcription simple et pratique de chaque mot en langue étrangère

Ce dictionnaire comporte 101 thèmes, dont:

les notions fondamentales, les nombres, les couleurs, les mois et les saisons, les unités de mesure, les vêtements et les accessoires, les aliments et la nutrition, le restaurant, la famille et les liens de parenté, le caractère et la personnalité, les sentiments et les émotions, les maladies, la ville et la cité, le tourisme, le shopping, l'argent, la maison, le foyer, le bureau, la vie de bureau, l'import-export, le marketing, la recherche d'emploi, les sports, l'éducation, l'informatique, l'Internet, les outils, la nature, les différents pays du monde, les nationalités, et bien d'autres encore …

TABLE DES MATIÈRES

GUIDE DE PRONONCIATION

Alphabet phonétique T&P	Exemple en arabe	Exemple en français
[a]	طَفَى [ṭaffa]	classe
[ã]	إخْتار [ixṭār]	camarade
[e]	هامبورجر [hamburger]	équipe
[i]	زفاف [zifāf]	stylo
[ī]	أبريل [abrīl]	industrie
[u]	كلكتا [kalkutta]	boulevard
[ū]	جاموس [ʒāmūs]	sucre
[b]	بداية [bidāya]	bureau
[d]	سعادة [saʿāda]	document
[ḍ]	وضع [waḍ']	[d] pharyngale
[ʒ]	الأرجنتين [arʒantīn]	jeunesse
[ð]	تذكار [tiðkār]	[th] pharyngalisé
[ẓ]	ظهر [ẓahar]	[z] pharyngale
[f]	خفيف [xafīf]	formule
[g]	جولف [gūlf]	gris
[h]	إتِّجاه [ittiʒāh]	[h] aspiré
[ḥ]	أحبّ [aḥabb]	[h] pharyngale
[y]	ذهبيّ [ðahabiy]	maillot
[k]	كرسيّ [kursiy]	bocal
[l]	لمح [lamaḥ]	vélo
[m]	مرصد [marṣad]	minéral
[n]	جنوب [ʒanūb]	ananas
[p]	كابتشينو [kaputʃīnu]	panama
[q]	وثق [waθiq]	cadeau
[r]	روح [rūḥ]	racine, rouge
[s]	سخريّة [suxriyya]	syndicat
[ṣ]	معصم [miʿṣam]	[s] pharyngale
[ʃ]	عشاء [ʿaʃāʾ]	chariot
[t]	تنُوب [tannūb]	tennis
[ṭ]	خريطة [xarīṭa]	[t] pharyngale
[θ]	ماموث [mamūθ]	consonne fricative dentale sourde
[v]	فيتنام [vitnām]	rivière
[w]	ودَّع [waddaʿ]	iguane
[x]	بخيل [baxīl]	scots - nicht, allemand - Dach
[ɣ]	تغدّى [taɣadda]	g espagnol - amigo, magnífico
[z]	ماعز [māʿiz]	gazeuse
['] (ayn)	سبعة [sabʿa]	consonne fricative pharyngale voisée
['] (hamza)	سأل [saʾal]	coup de glotte

ABRÉVIATIONS
employées dans ce livre

Abréviations en arabe

du	-	nom (à double) pluriel
f	-	nom féminin
m	-	nom masculin
pl	-	pluriel

Abréviations en français

adj	-	adjective
adv	-	adverbe
anim.	-	animé
conj	-	conjonction
dénombr.	-	dénombrable
etc.	-	et cetera
f	-	nom féminin
f pl	-	féminin pluriel
fam.	-	familiar
fem.	-	féminin
form.	-	formal
inanim.	-	inanimé
indénombr.	-	indénombrable
m	-	nom masculin
m pl	-	masculin pluriel
m, f	-	masculin, féminin
masc.	-	masculin
math	-	mathematics
mil.	-	militaire
pl	-	pluriel
prep	-	préposition
pron	-	pronom
qch	-	quelque chose
qn	-	quelqu'un
sing.	-	singulier
v aux	-	verbe auxiliaire
v imp	-	verbe impersonnel
vi	-	verbe intransitif
vi, vt	-	verbe intransitif, transitif
vp	-	verbe pronominal
vt	-	verbe transitif

CONCEPTS DE BASE

1. Les pronoms

je	ana	أنا
tu (masc.)	anta	أنت
tu (fem.)	anti	أنت
il	huwa	هو
elle	hiya	هي
nous	naḥnu	نحن
vous	antum	أنتم
ils, elles	hum	هم

2. Adresser des vœux. Se dire bonjour

Bonjour! (form.)	as salāmu 'alaykum!	السلام عليكم!
Bonjour! (le matin)	ṣabāḥ al χayr!	صباح الخير!
Bonjour! (après-midi)	nahārak sa'īd!	نهارك سعيد!
Bonsoir!	masā' al χayr!	مساء الخير!
dire bonjour	sallam	سلّم
Salut!	salām!	سلام!
salut (m)	salām (m)	سلام
saluer (vt)	sallam 'ala	سلّم على
Comment ça va?	kayfa ḥāluka?	كيف حالك؟
Quoi de neuf?	ma aχbārak?	ما أخبارك؟
Au revoir!	ma' as salāma!	مع السلامة!
À bientôt!	ilal liqā'!	إلى اللقاء!
Adieu!	ma' as salāma!	مع السلامة!
dire au revoir	wadda'	ودّع
Salut! (À bientôt!)	bay bay!	باي باي!
Merci!	ʃukran!	شكراً!
Merci beaucoup!	ʃukran ʒazīlan!	شكراً جزيلاً!
Je vous en prie	'afwan	عفواً
Il n'y a pas de quoi	la ʃukr 'ala wāʒib	لا شكر على واجب
Pas de quoi	al 'afw	العفو
Excuse-moi!	'an iðnak!	عن أذنك!
Excusez-moi!	'afwan!	عفواً!
excuser (vt)	'aðar	عذر
s'excuser (vp)	i'taðar	إعتذر
Mes excuses	ana 'āsif	أنا آسف
Pardonnez-moi!	la tu'āχiðni!	لا تؤاخذني!
pardonner (vt)	'afa	عفا

s'il vous plaît	min faḍlak	من فضلك
N'oubliez pas!	la tansa!	لا تنس!
Bien sûr!	ṭab'an!	طبعًا!
Bien sûr que non!	abadan!	أبدًا!
D'accord!	ittafaqna!	إتّفقنا!
Ça suffit!	kifāya!	كفاية!

3. Les questions

Qui?	man?	من؟
Quoi?	māða?	ماذا؟
Où? (~ es-tu?)	ayna?	أين؟
Où? (~ vas-tu?)	ila ayna?	إلى أين؟
D'où?	min ayna?	من أين؟
Quand?	mata?	متى؟
Pourquoi? (~ es-tu venu?)	li māða?	لماذا؟
Pourquoi? (~ t'es pâle?)	li māða?	لماذا؟
À quoi bon?	li māða?	لماذا؟
Comment?	kayfa?	كيف؟
Quel? (à ~ prix?)	ay?	أي؟
Lequel?	ay?	أي؟
À qui? (pour qui?)	li man?	لمن؟
De qui?	'amman?	عمّن؟
De quoi?	'amma?	عمّا؟
Avec qui?	ma' man?	مع من؟
Combien?	kam?	كم؟
À qui? (~ est ce livre?)	li man?	لمن؟

4. Les prépositions

avec (~ toi)	ma'	مع
sans (~ sucre)	bi dūn	بدون
à (aller ~ ...)	ila	إلى
de (au sujet de)	'an	عن
avant (~ midi)	qabl	قبل
devant (~ la maison)	amām	أمام
sous (~ la commode)	taḥt	تحت
au-dessus de ...	fawq	فوق
sur (dessus)	'ala	على
de (venir ~ Paris)	min	من
en (en bois, etc.)	min	من
dans (~ deux heures)	ba'd	بعد
par dessus	'abr	عبر

5. Les mots-outils. Les adverbes. Partie 1

Français	Translittération	العربية
Où? (~ es-tu?)	ayna?	أين؟
ici (c'est ~)	huna	هنا
là-bas (c'est ~)	hunāk	هناك
quelque part (être)	fi makānin ma	في مكان ما
nulle part (adv)	la fi ay makān	لا في أي مكان
près de ...	bi ʒānib	بجانب
près de la fenêtre	bi ʒānib aʃ ʃubbāk	بجانب الشبّاك
Où? (~ vas-tu?)	ila ayna?	إلى أين؟
ici (Venez ~)	huna	هنا
là-bas (j'irai ~)	hunāk	هناك
d'ici (adv)	min huna	من هنا
de là-bas (adv)	min hunāk	من هناك
près (pas loin)	qarīban	قريبًا
loin (adv)	baʿīdan	بعيدًا
près de (~ Paris)	ʿind	عند
tout près (adv)	qarīban	قريبًا
pas loin (adv)	ɣayr baʿīd	غير بعيد
gauche (adj)	al yasār	اليسار
à gauche (être ~)	ʿalaʃ ʃimāl	على الشمال
à gauche (tournez ~)	ilaʃ ʃimāl	إلى الشمال
droit (adj)	al yamīn	اليمين
à droite (être ~)	ʿalal yamīn	على اليمين
à droite (tournez ~)	llal yamīn	إلى اليمين
devant (adv)	min al amām	من الأمام
de devant (adj)	amāmiy	أمامي
en avant (adv)	ilal amām	إلى الأمام
derrière (adv)	warā'	وراء
par derrière (adv)	min al warā'	من الوراء
en arrière (regarder ~)	ilal warā'	إلى الوراء
milieu (m)	wasaṭ (m)	وسط
au milieu (adv)	fil wasaṭ	في الوسط
de côté (vue ~)	bi ʒānib	بجانب
partout (adv)	fi kull makān	في كل مكان
autour (adv)	ḥawl	حول
de l'intérieur	min ad dāχil	من الداخل
quelque part (aller)	ila ayy makān	إلى أيّ مكان
tout droit (adv)	bi aqṣar ṭarīq	بأقصر طريق
en arrière (revenir ~)	ʾīyāban	إيابًا
de quelque part (n'import d'où)	min ayy makān	من أي مكان
de quelque part (on ne sait pas d'où)	min makānin ma	من مكان ما

premièrement (adv)	awwalan	أَوَّلًا
deuxièmement (adv)	θāniyan	ثانيًا
troisièmement (adv)	θāliθan	ثالثًا
soudain (adv)	faʒ'a	فجأة
au début (adv)	fil bidāya	في البداية
pour la première fois	li 'awwal marra	لأوّل مرّة
bien avant ...	qabl ... bi mudda ṭawīla	قبل...بمدّة طويلة
de nouveau (adv)	min ʒadīd	من جديد
pour toujours (adv)	ilal abad	إلى الأبد
jamais (adv)	abadan	أبدًا
de nouveau, encore (adv)	min ʒadīd	من جديد
maintenant (adv)	al 'ān	الآن
souvent (adv)	kaθīran	كثيرًا
alors (adv)	fi ðalika al waqt	في ذلك الوقت
d'urgence (adv)	'āʒilan	عاجلًا
d'habitude (adv)	kal 'āda	كالعادة
à propos, ...	'ala fikra ...	على فكرة...
c'est possible	min al mumkin	من الممكن
probablement (adv)	la'alla	لعلّ
peut-être (adv)	min al mumkin	من الممكن
en plus, ...	bil iḍāfa ila ðalik ...	بالإضافة إلى...
c'est pourquoi ...	li ðalik	لذلك
malgré ...	bir raɣm min ...	بالرغم من...
grâce à ...	bi faḍl ...	بفضل...
quoi (pron)	allaðī	الذي
que (conj)	anna	أنَّ
quelque chose (Il m'est arrivé ~)	ʃay' (m)	شيء
quelque chose (peut-on faire ~)	ʃay' (m)	شيء
rien (m)	la ʃay'	لا شيء
qui (pron)	allaðī	الذي
quelqu'un (on ne sait pas qui)	aḥad	أحد
quelqu'un (n'importe qui)	aḥad	أحد
personne (pron)	la aḥad	لا أحد
nulle part (aller ~)	la ila ay makān	لا إلى أي مكان
de personne	la yaɣuṣṣ aḥad	لا يخص أحدًا
de n'importe qui	li aḥad	لأحد
comme ça (adv)	hakaða	هكذا
également (adv)	kaðalika	كذلك
aussi (adv)	ayḍan	أيضًا

6. Les mots-outils. Les adverbes. Partie 2

Pourquoi?	li māða?	لماذا؟
pour une certaine raison	li sababin ma	لسبب ما
parce que ...	li'anna ...	لأنَّ...

pour une raison quelconque	li amr mā	لأمر ما
et (conj)	wa	و
ou (conj)	aw	أو
mais (conj)	lakin	لكن
pour … (prep)	li	لـ
trop (adv)	kaθīran ʒiddan	كثير جدًا
seulement (adv)	faqaṭ	فقط
précisément (adv)	biḍ ḍabṭ	بالضبط
près de … (prep)	naḥw	نحو
approximativement	taqrīban	تقريبًا
approximatif (adj)	taqrībiy	تقريبي
presque (adv)	taqrīban	تقريباً
reste (m)	al bāqi (m)	الباقي
chaque (adj)	kull	كلّ
n'importe quel (adj)	ayy	أيّ
beaucoup (adv)	kaθīr	كثير
plusieurs (pron)	kaθīr min an nās	كثير من الناس
tous	kull an nās	كل الناس
en échange de …	muqābil …	مقابل...
en échange (adv)	muqābil	مقابل
à la main (adv)	bil yad	باليد
peu probable (adj)	hayhāt	هيهات
probablement (adv)	la'alla	لعلّ
exprès (adv)	qaṣdan	قصدا
par accident (adv)	ṣudfa	صدفة
très (adv)	ʒiddan	جدًا
par exemple (adv)	maθalan	مثلا
entre (prep)	bayn	بين
parmi (prep)	bayn	بين
autant (adv)	haðihi al kammiyya	هذه الكمية
surtout (adv)	xāṣṣa	خاصّة

NOMBRES. DIVERS

7. Les nombres cardinaux. Partie 1

zéro	ṣifr	صفر
un	wāḥid	واحد
une	wāḥida	واحدة
deux	iθnān	إثنان
trois	θalāθa	ثلاثة
quatre	arba'a	أربعة
cinq	xamsa	خمسة
six	sitta	ستّة
sept	sab'a	سبعة
huit	θamāniya	ثمانية
neuf	tis'a	تسعة
dix	'aʃara	عشرة
onze	aḥad 'aʃar	أحد عشر
douze	iθnā 'aʃar	إثنا عشر
treize	θalāθat 'aʃar	ثلاثة عشر
quatorze	arba'at 'aʃar	أربعة عشر
quinze	xamsat 'aʃar	خمسة عشر
seize	sittat 'aʃar	ستّة عشر
dix-sept	sab'at 'aʃar	سبعة عشر
dix-huit	θamāniyat 'aʃar	ثمانية عشر
dix-neuf	tis'at 'aʃar	تسعة عشر
vingt	'iʃrūn	عشرون
vingt et un	wāḥid wa 'iʃrūn	واحد وعشرون
vingt-deux	iθnān wa 'iʃrūn	إثنان وعشرون
vingt-trois	θalāθa wa 'iʃrūn	ثلاثة وعشرون
trente	θalāθīn	ثلاثون
trente et un	wāḥid wa θalāθūn	واحد وثلاثون
trente-deux	iθnān wa θalāθūn	إثنان وثلاثون
trente-trois	θalāθa wa θalāθūn	ثلاثة وثلاثون
quarante	arba'ūn	أربعون
quarante et un	wāḥid wa arba'ūn	واحد وأربعون
quarante-deux	iθnān wa arba'ūn	إثنان وأربعون
quarante-trois	θalāθa wa arba'ūn	ثلاثة وأربعون
cinquante	xamsūn	خمسون
cinquante et un	wāḥid wa xamsūn	واحد وخمسون
cinquante-deux	iθnān wa xamsūn	إثنان وخمسون
cinquante-trois	θalāθa wa xamsūn	ثلاثة وخمسون
soixante	sittūn	ستّون
soixante et un	wāḥid wa sittūn	واحد وستّون

soixante-deux	iθnān wa sittūn	إثنان وستّون
soixante-trois	θalāθa wa sittūn	ثلاثة وستّون
soixante-dix	sabʿūn	سبعون
soixante et onze	wāḥid wa sabʿūn	واحد وسبعون
soixante-douze	iθnān wa sabʿūn	إثنان وسبعون
soixante-treize	θalāθa wa sabʿūn	ثلاثة وسبعون
quatre-vingts	θamānūn	ثمانون
quatre-vingt et un	wāḥid wa θamānūn	واحد وثمانون
quatre-vingt deux	iθnān wa θamānūn	إثنان وثمانون
quatre-vingt trois	θalāθa wa θamānūn	ثلاثة وثمانون
quatre-vingt-dix	tisʿūn	تسعون
quatre-vingt et onze	wāḥid wa tisʿūn	واحد وتسعون
quatre-vingt-douze	iθnān wa tisʿūn	إثنان وتسعون
quatre-vingt-treize	θalāθa wa tisʿūn	ثلاثة وتسعون

8. Les nombres cardinaux. Partie 2

cent	mi'a	مائة
deux cents	mi'atān	مائتان
trois cents	θalāθumi'a	ثلاثمائة
quatre cents	rubʿumi'a	أربعمائة
cinq cents	χamsumi'a	خمسمائة
six cents	sittumi'a	ستّمائة
sept cents	sabʿumi'a	سبعمائة
huit cents	θamānimi'a	ثمانمائة
neuf cents	tisʿumi'a	تسعمائة
mille	alf	ألف
deux mille	alfān	ألفان
trois mille	θalāθat 'ālāf	ثلاثة آلاف
dix mille	ʿaʃarat 'ālāf	عشرة آلاف
cent mille	mi'at alf	مائة ألف
million (m)	milyūn (m)	مليون
milliard (m)	milyār (m)	مليار

9. Les nombres ordinaux

premier (adj)	awwal	أوّل
deuxième (adj)	θāni	ثان
troisième (adj)	θāliθ	ثالث
quatrième (adj)	rābiʿ	رابع
cinquième (adj)	χāmis	خامس
sixième (adj)	sādis	سادس
septième (adj)	sābiʿ	سابع
huitième (adj)	θāmin	ثامن
neuvième (adj)	tāsiʿ	تاسع
dixième (adj)	'āʃir	عاشر

LES COULEURS. LES UNITÉS DE MESURE

10. Les couleurs

couleur (f)	lawn (m)	لون
teinte (f)	daraʒat al lawn (m)	درجة اللون
ton (m)	ṣabɣit lūn (f)	لون
arc-en-ciel (m)	qaws quzaḥ (m)	قوس قزح
blanc (adj)	abyaḍ	أبيض
noir (adj)	aswad	أسود
gris (adj)	ramādiy	رماديّ
vert (adj)	aχḍar	أخضر
jaune (adj)	aṣfar	أصفر
rouge (adj)	aḥmar	أحمر
bleu (adj)	azraq	أزرق
bleu clair (adj)	azraq fātiḥ	أزرق فاتح
rose (adj)	wardiy	ورديّ
orange (adj)	burtuqāliy	برتقاليّ
violet (adj)	banafsaʒiy	بنفسجيّ
brun (adj)	bunniy	بنّيّ
d'or (adj)	ðahabiy	ذهبيّ
argenté (adj)	fiḍḍiy	فضيّ
beige (adj)	bɛ:ʒ	بيج
crème (adj)	ʿāʒiy	عاجيّ
turquoise (adj)	fayrūziy	فيروزيّ
rouge cerise (adj)	karaziy	كرزيّ
lilas (adj)	laylakiy	ليلكيّ
framboise (adj)	qirmiziy	قرمزيّ
clair (adj)	fātiḥ	فاتح
foncé (adj)	ɣāmiq	غامق
vif (adj)	zāhi	زاه
de couleur (adj)	mulawwan	ملوّن
en couleurs (adj)	mulawwan	ملوّن
noir et blanc (adj)	abyaḍ wa aswad	أبيض وأسود
unicolore (adj)	waḥīd al lawn, sāda	وحيد اللون, سادة
multicolore (adj)	mutaʿaddid al alwān	متعدّد الألوان

11. Les unités de mesure

poids (m)	wazn (m)	وزن
longueur (f)	ṭūl (m)	طول

largeur (f)	ʿarḍ (m)	عرض
hauteur (f)	irtifāʿ (m)	إرتفاع
profondeur (f)	ʿumq (m)	عمق
volume (m)	ḥaӡm (m)	حجم
aire (f)	misāḥa (f)	مساحة

gramme (m)	grām (m)	جرام
milligramme (m)	milliɣrām (m)	مليغرام
kilogramme (m)	kiluɣrām (m)	كيلوغرام
tonne (f)	ṭunn (m)	طنّ
livre (f)	raṭl (m)	رطل
once (f)	ūnṣa (f)	أونصة

mètre (m)	mitr (m)	متر
millimètre (m)	millimitr (m)	مليمتر
centimètre (m)	santimitr (m)	سنتيمتر
kilomètre (m)	kilumitr (m)	كيلومتر
mille (m)	mīl (m)	ميل

pouce (m)	būṣa (f)	بوصة
pied (m)	qadam (f)	قدم
yard (m)	yārda (f)	ياردة

| mètre (m) carré | mitr murabbaʿ (m) | متر مربّع |
| hectare (m) | hiktār (m) | هكتار |

litre (m)	litr (m)	لتر
degré (m)	daraӡa (f)	درجة
volt (m)	vūlt (m)	فولت
ampère (m)	ambīr (m)	أمبير
cheval-vapeur (m)	ḥiṣān (m)	حصان

quantité (f)	kammiyya (f)	كمّية
un peu de ...	qalīl ...	قليل...
moitié (f)	niṣf (m)	نصف
douzaine (f)	iθnā ʿaʃar (f)	إثنا عشر
pièce (f)	waḥda (f)	وحدة

| dimension (f) | ḥaӡm (m) | حجم |
| échelle (f) (de la carte) | miqyās (m) | مقياس |

minimal (adj)	al adna	الأدنى
le plus petit (adj)	al aṣɣar	الأصغر
moyen (adj)	mutawassiṭ	متوسّط
maximal (adj)	al aqṣa	الأقصى
le plus grand (adj)	al akbar	الأكبر

12. Les récipients

bocal (m) en verre	barṭamān (m)	برطمان
boîte, canette (f)	tanaka (f)	تنكة
seau (m)	ӡardal (m)	جردل
tonneau (m)	barmīl (m)	برميل
bassine, cuvette (f)	ḥawḍ lil ɣasīl (m)	حوض للغسيل

cuve (f)	χazzān (m)	خزّان
flasque (f)	zamzamiyya (f)	زمزميّة
jerrican (m)	ʒirikan (m)	جركن
citerne (f)	χazzān (m)	خزّان
tasse (f), mug (m)	māgg (m)	ماجّ
tasse (f)	finʒān (m)	فنجان
soucoupe (f)	ṭabaq finʒān (m)	طبق فنجان
verre (m) (~ d'eau)	kubbāya (f)	كبّاية
verre (m) à vin	ka's (f)	كأس
faitout (m)	kassirūlla (f)	كاسرولة
bouteille (f)	zuʒāʒa (f)	زجاجة
goulot (m)	ʻunq (m)	عنق
carafe (f)	dawraq zuʒāʒiy (m)	دورق زجاجيّ
pichet (m)	ibrīq (m)	إبريق
récipient (m)	inā' (m)	إناء
pot (m)	aṣīṣ (m)	أصيص
vase (m)	vāza (f)	فازة
flacon (m)	zuʒāʒa (f)	زجاجة
fiole (f)	zuʒāʒa (f)	زجاجة
tube (m)	umbūba (f)	أنبوبة
sac (m) (grand ~)	kīs (m)	كيس
sac (m) (~ en plastique)	kīs (m)	كيس
paquet (m) (~ de cigarettes)	ʻulba (f)	علبة
boîte (f)	ʻulba (f)	علبة
caisse (f)	ṣundū' (m)	صندوق
panier (m)	salla (f)	سلّة

LES VERBES LES PLUS IMPORTANTS

13. Les verbes les plus importants. Partie 1

aider (vt)	sā'ad	ساعد
aimer (qn)	aḥabb	أحبّ
aller (à pied)	maʃa	مشى
apercevoir (vt)	lāḥaẓ	لاحظ
appartenir à …	xaṣṣ	خصّ
appeler (au secours)	istaɣāθ	إستغاث
attendre (vt)	inṭazar	إنتظر
attraper (vt)	amsak	أمسك
avertir (vt)	ḥaððar	حذّر
avoir (vt)	malak	ملك
avoir confiance	waθiq	وثق
avoir faim	arād an ya'kul	أراد أن يأكل
avoir peur	xāf	خاف
avoir soif	arād an yaʃrab	أراد أن يشرب
cacher (vt)	xaba'	خبأ
casser (briser)	kasar	كسر
cesser (vt)	tawaqqaf	توقّف
changer (vt)	ɣayyar	غيّر
chasser (animaux)	iṣṭād	إصطاد
chercher (vt)	baḥaθ	بحث
choisir (vt)	ixtār	إختار
commander (~ le menu)	ṭalab	طلب
commencer (vt)	bada'	بدأ
comparer (vt)	qāran	قارن
comprendre (vt)	fahim	فهم
compter (dénombrer)	'add	عدّ
compter sur …	i'tamad 'ala …	إعتمد على...
confondre (vt)	ixtalaṭ	إختلط
connaître (qn)	'araf	عرف
conseiller (vt)	naṣaḥ	نصح
continuer (vt)	istamarr	إستمرّ
contrôler (vt)	taḥakkam	تحكّم
courir (vi)	ʒara	جرى
coûter (vt)	kallaf	كلّف
créer (vt)	xalaq	خلق
creuser (vt)	ḥafar	حفر
crier (vi)	ṣarax	صرخ

14. Les verbes les plus importants. Partie 2

décorer (~ la maison)	zayyan	زيَّن
défendre (vt)	dāfaʿ	دافع
déjeuner (vi)	taɣadda	تغدَّى
demander (~ l'heure)	sa'al	سأل
demander (de faire qch)	ṭalab	طلب
descendre (vi)	nazil	نزل
deviner (vt)	χamman	خمَّن
dîner (vi)	ta'aʃʃa	تعشَّى
dire (vt)	qāl	قال
diriger (~ une usine)	adār	أدار
discuter (vt)	nāqaʃ	ناقش
donner (vt)	aʿṭa	أعطى
donner un indice	aʿṭa talmīḥ	أعطى تلميحًا
douter (vt)	ʃakk fi	شكَّ في
écrire (vt)	katab	كتب
entendre (bruit, etc.)	samiʿ	سمع
entrer (vi)	daχal	دخل
envoyer (vt)	arsal	أرسل
espérer (vi)	tamanna	تمنَّى
essayer (vt)	ḥāwal	حاول
être (vi)	kān	كان
être d'accord	ittafaq	إتَّفق
être nécessaire	kān maṭlūb	كان مطلوبا
être pressé	istaʿʒal	إستعجل
étudier (vt)	daras	درس
exiger (vt)	ṭālib	طالب
exister (vi)	kān mawʒūd	كان موجودًا
expliquer (vt)	ʃaraḥ	شرح
faire (vt)	ʿamal	عمل
faire tomber	awqaʿ	أوقع
finir (vt)	atamm	أتمَّ
garder (conserver)	ḥafaz	حفظ
gronder, réprimander (vt)	wabbaχ	وبَّخ
informer (vt)	aχbar	أخبر
insister (vi)	aṣarr	أصرَّ
insulter (vt)	ahān	أهان
inviter (vt)	daʿa	دعا
jouer (s'amuser)	laʿib	لعب

15. Les verbes les plus importants. Partie 3

libérer (ville, etc.)	ḥarrar	حرَّر
lire (vi, vt)	qara'	قرأ
louer (prendre en location)	istaʿʒar	إستأجر

manquer (l'école)	ɣāb	غاب
menacer (vt)	haddad	هدّد
mentionner (vt)	ðakar	ذكر
montrer (vt)	'araḍ	عرض
nager (vi)	sabaḥ	سبح
objecter (vt)	i'taraḍ	إعترض
observer (vt)	rāqab	راقب
ordonner (mil.)	amar	أمر
oublier (vt)	nasiy	نسي
ouvrir (vt)	fataḥ	فتح
pardonner (vt)	'afa	عفا
parler (vi, vt)	takallam	تكلّم
participer à ...	iʃtarak	إشترك
payer (régler)	dafa'	دفع
penser (vi, vt)	ẓann	ظنّ
permettre (vt)	raxxaṣ	رخّص
plaire (être apprécié)	a'ʒab	أعجب
plaisanter (vi)	mazaḥ	مزح
planifier (vt)	xaṭṭaṭ	خطّط
pleurer (vi)	baka	بكى
posséder (vt)	malak	ملك
pouvoir (v aux)	istaṭā'	إستطاع
préférer (vt)	faḍḍal	فضّل
prendre (vt)	axað	أخذ
prendre en note	katab	كتب
prendre le petit déjeuner	afṭar	أفطر
préparer (le dîner)	haḍḍar	حضّر
prévoir (vt)	tanabba'	تنبّأ
prier (~ Dieu)	ṣalla	صلّى
promettre (vt)	wa'ad	وعد
prononcer (vt)	naṭaq	نطق
proposer (vt)	iqtaraḥ	إقترح
punir (vt)	'āqab	عاقب

16. Les verbes les plus importants. Partie 4

recommander (vt)	naṣaḥ	نصح
regretter (vt)	nadim	ندم
répéter (dire encore)	karrar	كرّر
répondre (vi, vt)	aʒāb	أجاب
réserver (une chambre)	haʒaz	حجز
rester silencieux	sakat	سكت
réunir (regrouper)	waḥḥad	وحّد
rire (vi)	ḍahik	ضحك
s'arrêter (vp)	waqaf	وقف
s'asseoir (vp)	ʒalas	جلس
sauver (la vie à qn)	anqað	أنقذ

savoir (qch)	ʿaraf	عرف
se baigner (vp)	sabaḥ	سبح
se plaindre (vp)	ʃaka	شكا
se refuser (vp)	rafaḍ	رفض
se tromper (vp)	axṭaʾ	أخطأ
se vanter (vp)	tabāha	تباهى
s'étonner (vp)	indahaʃ	إندهش
s'excuser (vp)	iʿtaðar	إعتذر
signer (vt)	waqqaʿ	وقّع
signifier (vt)	ʿana	عنى
s'intéresser (vp)	ihtamm	إهتمّ
sortir (aller dehors)	xaraʒ	خرج
sourire (vi)	ibtasam	إبتسم
sous-estimer (vt)	istaxaff	إستخفّ
suivre ... (suivez-moi)	tabaʿ	تبع
tirer (vi)	aṭlaq an nār	أطلق النار
tomber (vi)	saqaṭ	سقط
toucher (avec les mains)	lamas	لمس
tourner (~ à gauche)	inʿaṭaf	إنعطف
traduire (vt)	tarʒam	ترجم
travailler (vi)	ʿamal	عمل
tromper (vt)	xadaʿ	خدع
trouver (vt)	waʒad	وجد
tuer (vt)	qatal	قتل
vendre (vt)	bāʿ	باع
venir (vi)	waṣal	وصل
voir (vt)	raʾa	رأى
voler (avion, oiseau)	ṭār	طار
voler (qch à qn)	saraq	سرق
vouloir (vt)	arād	أراد

LA NOTION DE TEMPS. LE CALENDRIER

17. Les jours de la semaine

lundi (m)	yawm al iθnayn (m)	يوم الإثنين
mardi (m)	yawm aθ θulāθā' (m)	يوم الثلاثاء
mercredi (m)	yawm al arbi'ā' (m)	يوم الأربعاء
jeudi (m)	yawm al χamīs (m)	يوم الخميس
vendredi (m)	yawm al ʒum'a (m)	يوم الجمعة
samedi (m)	yawm as sabt (m)	يوم السبت
dimanche (m)	yawm al aḥad (m)	يوم الأحد
aujourd'hui (adv)	al yawm	اليوم
demain (adv)	γadan	غدًا
après-demain (adv)	ba'd γad	بعد غد
hier (adv)	ams	أمس
avant-hier (adv)	awwal ams	أوّل أمس
jour (m)	yawm (m)	يوم
jour (m) ouvrable	yawm 'amal (m)	يوم عمل
jour (m) férié	yawm al 'uṭla ar rasmiyya (m)	يوم العطلة الرسمية
jour (m) de repos	yawm 'uṭla (m)	يوم عطلة
week-end (m)	ayyām al 'uṭla (pl)	أيام العطلة
toute la journée	ṭūl al yawm	طول اليوم
le lendemain	fil yawm at tāli	في اليوم التالي
il y a 2 jours	min yawmayn	قبل يومين
la veille	fil yawm as sābiq	في اليوم السابق
quotidien (adj)	yawmiy	يومي
tous les jours	yawmiyyan	يوميًا
semaine (f)	usbū' (m)	أسبوع
la semaine dernière	fil isbū' al māḍi	في الأسبوع الماضي
la semaine prochaine	fil isbū' al qādim	في الأسبوع القادم
hebdomadaire (adj)	usbū'iy	أسبوعي
chaque semaine	usbū'iyyan	أسبوعيًا
2 fois par semaine	marratayn fil usbū'	مرّتين في الأسبوع
tous les mardis	kull yawm aθ θulaθā'	كل يوم الثلاثاء

18. Les heures. Le jour et la nuit

matin (m)	ṣabāḥ (m)	صباح
le matin	fiṣ ṣabāḥ	في الصباح
midi (m)	ẓuhr (m)	ظهر
dans l'après-midi	ba'd aẓ ẓuhr	بعد الظهر
soir (m)	masā' (m)	مساء
le soir	fil masā'	في المساء

nuit (f)	layl (m)	ليل
la nuit	bil layl	بالليل
minuit (f)	muntaṣif al layl (m)	منتصف الليل

seconde (f)	θāniya (f)	ثانية
minute (f)	daqīqa (f)	دقيقة
heure (f)	sāʿa (f)	ساعة
demi-heure (f)	niṣf sāʿa (m)	نصف ساعة
un quart d'heure	rubʿ sāʿa (f)	ربع ساعة
quinze minutes	χamsat ʿaʃar daqīqa	خمس عشرة دقيقة
vingt-quatre heures	yawm kāmil (m)	يوم كامل

lever (m) du soleil	ʃurūq aʃ ʃams (m)	شروق الشمس
aube (f)	faɜr (m)	فجر
point (m) du jour	ṣabāḥ bākir (m)	صباح باكر
coucher (m) du soleil	ɣurūb aʃ ʃams (m)	غروب الشمس

tôt le matin	fis ṣabāḥ al bākir	في الصباح الباكر
ce matin	al yawm fiṣ ṣabāḥ	اليوم في الصباح
demain matin	ɣadan fiṣ ṣabāḥ	غدًا في الصباح

cet après-midi	al yawm baʿd aẓ ẓuhr	اليوم بعد الظهر
dans l'après-midi	baʿd aẓ ẓuhr	بعد الظهر
demain après-midi	ɣadan baʿd aẓ ẓuhr	غدًا بعد الظهر

| ce soir | al yawm fil masāʾ | اليوم في المساء |
| demain soir | ɣadan fil masāʾ | غدًا في المساء |

à 3 heures précises	fis sāʿa aθ θāliθa tamāman	في الساعة الثالثة تماما
autour de 4 heures	fis sāʿa ar rābiʿa taqrīban	في الساعة الرابعة تقريبا
vers midi	ḥattas sāʿa aθ θāniya ʿaʃara	حتى الساعة الثانية عشرة
dans 20 minutes	baʿd ʿiʃrīn daqīqa	بعد عشرين دقيقة
dans une heure	baʿd sāʿa	بعد ساعة
à temps	fi mawʿidih	في موعده

… moins le quart	illa rubʿ	إلا ربع
en une heure	ṭiwāl sāʿa	طوال الساعة
tous les quarts d'heure	kull rubʿ sāʿa	كل ربع ساعة
24 heures sur 24	layl nahār	ليل نهار

19. Les mois. Les saisons

janvier (m)	yanāyir (m)	يناير
février (m)	fibrāyir (m)	فبراير
mars (m)	māris (m)	مارس
avril (m)	abrīl (m)	أبريل
mai (m)	māyu (m)	مايو
juin (m)	yūnyu (m)	يونيو

juillet (m)	θūlyu (m)	يوليو
août (m)	aɣusṭus (m)	أغسطس
septembre (m)	sibtambar (m)	سبتمبر
octobre (m)	uktūbir (m)	أكتوبر
novembre (m)	nuvimbar (m)	نوفمبر

décembre (m)	disimbar (m)	ديسمبر
printemps (m)	rabīʻ (m)	ربيع
au printemps	fir rabīʻ	في الربيع
de printemps (adj)	rabīʻiy	ربيعي
été (m)	ṣayf (m)	صيف
en été	fiṣ ṣayf	في الصيف
d'été (adj)	ṣayfiy	صيفي
automne (m)	χarīf (m)	خريف
en automne	fil χarīf	في الخريف
d'automne (adj)	χarīfiy	خريفي
hiver (m)	ʃitāʼ (m)	شتاء
en hiver	fiʃ ʃitāʼ	في الشتاء
d'hiver (adj)	ʃitawiy	شتوي
mois (m)	ʃahr (m)	شهر
ce mois	fi haða aʃ ʃahr	في هذا الشهر
le mois prochain	fiʃ ʃahr al qādim	في الشهر القادم
le mois dernier	fiʃ ʃahr al māḍi	في الشهر الماضي
il y a un mois	qabl ʃahr	قبل شهر
dans un mois	baʻd ʃahr	بعد شهر
dans 2 mois	baʻd ʃahrayn	بعد شهرين
tout le mois	ṭūl aʃ ʃahr	طول الشهر
tout un mois	ʃahr kāmil	شهر كامل
mensuel (adj)	ʃahriy	شهري
mensuellement	kull ʃahr	كل شهر
chaque mois	kull ʃahr	كل شهر
2 fois par mois	marratayn fiʃ ʃahr	مرّتين في الشهر
année (f)	sana (f)	سنة
cette année	fi haðihi as sana	في هذه السنة
l'année prochaine	fis sana al qādima	في السنة القادمة
l'année dernière	fis sana al māḍiya	في السنة الماضية
il y a un an	qabla sana	قبل سنة
dans un an	baʻd sana	بعد سنة
dans 2 ans	baʻd sanatayn	بعد سنتين
toute l'année	ṭūl as sana	طول السنة
toute une année	sana kāmila	سنة كاملة
chaque année	kull sana	كل سنة
annuel (adj)	sanawiy	سنوي
annuellement	kull sana	كل سنة
4 fois par an	arbaʻ marrāt fis sana	أربع مرّات في السنة
date (f) (jour du mois)	tarīχ (m)	تاريخ
date (f) (~ mémorable)	tarīχ (m)	تاريخ
calendrier (m)	taqwīm (m)	تقويم
six mois	niṣf sana (m)	نصف سنة
semestre (m)	niṣf sana (m)	نصف سنة
saison (f)	faṣl (m)	فصل
siècle (m)	qarn (m)	قرن

LES VOYAGES. L'HÔTEL

20. Les voyages. Les excursions

tourisme (m)	siyāḥa (f)	سياحة
touriste (m)	sā'iḥ (m)	سائح
voyage (m) (à l'étranger)	riḥla (f)	رحلة
aventure (f)	muɣāmara (f)	مغامرة
voyage (m)	riḥla (f)	رحلة
vacances (f pl)	'uṭla (f)	عطلة
être en vacances	'indahu 'uṭla	عنده عطلة
repos (m) (jours de ~)	istirāḥa (f)	إستراحة
train (m)	qiṭār (m)	قطار
en train	bil qiṭār	بالقطار
avion (m)	ṭā'ira (f)	طائرة
en avion	biṭ ṭā'ira	بالطائرة
en voiture	bis sayyāra	بالسيّارة
en bateau	bis safīna	بالسفينة
bagage (m)	aʃʃunaṭ (pl)	الشنط
malle (f)	ḥaqībat safar (f)	حقيبة سفر
chariot (m)	'arabat ʃunaṭ (f)	عربة شنط
passeport (m)	ʒawāz as safar (m)	جواز السفر
visa (m)	ta'ʃīra (f)	تأشيرة
ticket (m)	taðkira (f)	تذكرة
billet (m) d'avion	taðkirat ṭā'ira (f)	تذكرة طائرة
guide (m) (livre)	dalīl (m)	دليل
carte (f)	χarīṭa (f)	خريطة
région (f) (~ rurale)	mintaqa (f)	منطقة
endroit (m)	makān (m)	مكان
exotisme (m)	ɣarāba (f)	غرابة
exotique (adj)	ɣarīb	غريب
étonnant (adj)	mudhiʃ	مدهش
groupe (m)	maʒmū'a (f)	مجموعة
excursion (f)	ʒawla (f)	جولة
guide (m) (personne)	murʃid (m)	مرشد

21. L'hôtel

hôtel (m)	funduq (m)	فندق
motel (m)	mutīl (m)	موتيل
3 étoiles	θalāθat nuʒūm	ثلاثة نجوم

5 étoiles	χamsat nuʒūm	خمسة نجوم
descendre (à l'hôtel)	nazal	نزل
chambre (f)	ɣurfa (f)	غرفة
chambre (f) simple	ɣurfa li ʃaχṣ wāḥid (f)	غرفة لشخص واحد
chambre (f) double	ɣurfa li ʃaχṣayn (f)	غرفة لشخصين
réserver une chambre	ḥaʒaz ɣurfa	حجز غرفة
demi-pension (f)	waʒbitān fil yawm (du)	وجبتان في اليوم
pension (f) complète	θalāθ waʒabāt fil yawm	ثلاث وجبات في اليوم
avec une salle de bain	bi ḥawḍ al istiḥmām	بحوض الإستحمام
avec une douche	bid duʃ	بالدوش
télévision (f) par satellite	tilivizyūn faḍā'iy (m)	تلفزيون فضائيّ
climatiseur (m)	takyīf (m)	تكييف
serviette (f)	fūṭa (f)	فوطة
clé (f)	miftāḥ (m)	مفتاح
administrateur (m)	mudīr (m)	مدير
femme (f) de chambre	'āmilat tanẓīf ɣuraf (f)	عاملة تنظيف غرف
porteur (m)	ḥammāl (m)	حمّال
portier (m)	bawwāb (m)	بوّاب
restaurant (m)	maṭ'am (m)	مطعم
bar (m)	bār (m)	بار
petit déjeuner (m)	fuṭūr (m)	فطور
dîner (m)	'aʃā' (m)	عشاء
buffet (m)	bufīh (m)	بوفيه
hall (m)	radha (f)	ردهة
ascenseur (m)	miṣ'ad (m)	مصعد
PRIÈRE DE NE PAS DÉRANGER	ar raʒā' 'adam al iz'āʒ	الرجاء عدم الإزعاج
DÉFENSE DE FUMER	mamnū' at tadχīn	ممنوع التدخين

22. Le tourisme

monument (m)	timθāl (m)	تمثال
forteresse (f)	qal'a (f), ḥiṣn (m)	قلعة, حصن
palais (m)	qaṣr (m)	قصر
château (m)	qal'a (f)	قلعة
tour (f)	burʒ (m)	برج
mausolée (m)	ḍarīḥ (m)	ضريح
architecture (f)	handasa mi'māriyya (f)	هندسة معماريّة
médiéval (adj)	min al qurūn al wusṭa	من القرون الوسطى
ancien (adj)	qadīm	قديم
national (adj)	waṭaniy	وطنيّ
connu (adj)	maʃhūr	مشهور
touriste (m)	sā'iḥ (m)	سائح
guide (m) (personne)	murʃid (m)	مرشد
excursion (f)	ʒawla (f)	جولة

montrer (vt)	ʿaraḍ	عرض
raconter (une histoire)	ḥaddaθ	حدّث
trouver (vt)	waʒad	وجد
se perdre (vp)	ḍāʿ	ضاع
plan (m) (du metro, etc.)	χarīṭa (f)	خريطة
carte (f) (de la ville, etc.)	χarīṭa (f)	خريطة
souvenir (m)	tiðkār (m)	تذكار
boutique (f) de souvenirs	maḥall hadāya (m)	محلّ هدايا
prendre en photo	ṣawwar	صوّر
se faire prendre en photo	taṣawwar	تصوّر

LES TRANSPORTS

23. L'aéroport

aéroport (m)	maṭār (m)	مطار
avion (m)	ṭā'ira (f)	طائرة
compagnie (f) aérienne	ʃarikat ṭayarān (f)	شركة طيران
contrôleur (m) aérien	marāqib al ḥaraka al ȝawwiyya (pl)	مراقب الحركة الجوّية
départ (m)	muȳādara (f)	مغادرة
arrivée (f)	wuṣūl (m)	وصول
arriver (par avion)	waṣal	وصل
temps (m) de départ	waqt al muȳādara (m)	وقت المغادرة
temps (m) d'arrivée	waqt al wuṣūl (m)	وقت الوصول
être retardé	ta'aχχar	تأخّر
retard (m) de l'avion	ta'aχχur ar riḥla (m)	تأخّر الرحلة
tableau (m) d'informations	lawḥat al ma'lūmāt (f)	لوحة المعلومات
information (f)	isti'lāmāt (pl)	إستعلامات
annoncer (vt)	a'lan	أعلن
vol (m)	riḥla (f)	رحلة
douane (f)	ȝamārik (pl)	جمارك
douanier (m)	muwaẓẓaf al ȝamārik (m)	موظف الجمارك
déclaration (f) de douane	taṣrīḥ ȝumrukiy (m)	تصريح جمركيّ
remplir (vt)	mala'	ملأ
remplir la déclaration	mala' at taṣrīḥ	ملأ التصريح
contrôle (m) de passeport	taftīʃ al ȝawāzāt (m)	تفتيش الجوازات
bagage (m)	aʃ ʃunaṭ (pl)	الشنط
bagage (m) à main	ʃunaṭ al yad (pl)	شنط اليد
chariot (m)	'arabat ʃunaṭ (f)	عربة شنط
atterrissage (m)	hubūṭ (m)	هبوط
piste (f) d'atterrissage	mamarr al hubūṭ (m)	ممرّ الهبوط
atterrir (vi)	habaṭ	هبط
escalier (m) d'avion	sullam aṭ ṭā'ira (m)	سلّم الطائرة
enregistrement (m)	tasȝīl (m)	تسجيل
comptoir (m) d'enregistrement	makān at tasȝīl (m)	مكان التسجيل
s'enregistrer (vp)	saȝȝal	سجّل
carte (f) d'embarquement	biṭāqat ṣu'ūd (f)	بطاقة صعود
porte (f) d'embarquement	bawwābat al muȳādara (f)	بوّابة المغادرة
transit (m)	tranzīt (m)	ترانزيت
attendre (vt)	intaẓar	إنتظر

salle (f) d'attente	qā'at al muɣādara (f)	قاعة المغادرة
raccompagner (à l'aéroport, etc.)	waddaʿ	ودَّع
dire au revoir	waddaʿ	ودَّع

24. L'avion

avion (m)	ṭā'ira (f)	طائرة
billet (m) d'avion	taðkirat ṭā'ira (f)	تذكرة طائرة
compagnie (f) aérienne	ʃarikat ṭayarān (f)	شركة طيران
aéroport (m)	maṭār (m)	مطار
supersonique (adj)	xāriq liṣ ṣawt	خارق للصوت
commandant (m) de bord	qā'id aṭ ṭā'ira (m)	قائد الطائرة
équipage (m)	ṭāqim (m)	طاقم
pilote (m)	ṭayyār (m)	طيَّار
hôtesse (f) de l'air	muḍīfat ṭayarān (f)	مضيفة طيران
navigateur (m)	mallāḥ (m)	ملّاح
ailes (f pl)	aʒniḥa (pl)	أجنحة
queue (f)	ðayl (m)	ذيل
cabine (f)	kabīna (f)	كابينة
moteur (m)	mutūr (m)	موتور
train (m) d'atterrissage	ʿaʒalāt al hubūṭ (pl)	عجلات الهبوط
turbine (f)	turbīna (f)	تربينة
hélice (f)	mirwaḥa (f)	مروحة
boîte (f) noire	musaʒʒil aṭ ṭayarān (m)	مسجّل الطيران
gouvernail (m)	ʿaʒalat qiyāda (f)	عجلة قيادة
carburant (m)	wuqūd (m)	وقود
consigne (f) de sécurité	biṭāqat as salāma (f)	بطاقة السلامة
masque (m) à oxygène	qināʿ uksiʒīn (m)	قناع أوكسيجين
uniforme (m)	libās muwaḥḥad (m)	لباس موحَّد
gilet (m) de sauvetage	sutrat naʒāt (f)	سترة نجاة
parachute (m)	miẓallat hubūṭ (f)	مظلّة هبوط
décollage (m)	iqlāʿ (m)	إقلاع
décoller (vi)	aqlaʿat	أقلعت
piste (f) de décollage	madraʒ aṭ ṭā'irāt (m)	مدرج الطائرات
visibilité (f)	ru'ya (f)	رؤية
vol (m) (~ d'oiseau)	ṭayarān (m)	طيران
altitude (f)	irtifāʿ (m)	إرتفاع
trou (m) d'air	ʒayb hawā'iy (m)	جيب هوائيَّ
place (f)	maqʿad (m)	مقعد
écouteurs (m pl)	sammāʿāt ra'siya (pl)	سمَّاعات رأسيَّة
tablette (f)	ṣīniyya qābila liṭ ṭayy (f)	صينية قابلة للطيّ
hublot (m)	ʃubbāk aṭ ṭā'ira (m)	شبَّاك الطائرة
couloir (m)	mamarr (m)	ممرّ

25. Le train

train (m)	qiṭār (m)	قطار
train (m) de banlieue	qiṭār (m)	قطار
TGV (m)	qiṭār sarī' (m)	قطار سريع
locomotive (f) diesel	qāṭirat dīzil (f)	قاطرة ديزل
locomotive (f) à vapeur	qāṭira buχāriyya (f)	قاطرة بخارية
wagon (m)	'araba (f)	عربة
wagon-restaurant (m)	'arabat al maṭ'am (f)	عربة المطعم
rails (m pl)	quḍubān (pl)	قضبان
chemin (m) de fer	sikka ḥadīdiyya (f)	سكة حديدية
traverse (f)	'āriḍa (f)	عارضة
quai (m)	raṣīf (m)	رصيف
voie (f)	χaṭṭ (m)	خط
sémaphore (m)	simafūr (m)	سيمافور
station (f)	maḥaṭṭa (f)	محطة
conducteur (m) de train	sā'iq (m)	سائق
porteur (m)	ḥammāl (m)	حمّال
steward (m)	mas'ūl 'arabat al qiṭār (m)	مسؤول عربة القطار
passager (m)	rākib (m)	راكب
contrôleur (m) de billets	kamsariy (m)	كمسريّ
couloir (m)	mamarr (m)	ممرّ
frein (m) d'urgence	farāmil aṭ ṭawāri' (pl)	فرامل الطوارئ
compartiment (m)	γurfa (f)	غرفة
couchette (f)	sarīr (m)	سرير
couchette (f) d'en haut	sarīr 'ulwiy (m)	سرير علويّ
couchette (f) d'en bas	sarīr sufliy (m)	سرير سفليّ
linge (m) de lit	aγṭiyat as sarīr (pl)	أغطية السرير
ticket (m)	taðkira (f)	تذكرة
horaire (m)	ʒadwal (m)	جدول
tableau (m) d'informations	lawḥat ma'lūmāt (f)	لوحة معلومات
partir (vi)	γādar	غادر
départ (m) (du train)	muγādara (f)	مغادرة
arriver (le train)	waṣal	وصل
arrivée (f)	wuṣūl (m)	وصول
arriver en train	waṣal bil qiṭār	وصل بالقطار
prendre le train	rakib al qiṭār	ركب القطار
descendre du train	nazil min al qiṭār	نزل من القطار
accident (m) ferroviaire	ḥiṭām qiṭār (m)	حطام قطار
dérailler (vi)	χaraʒ 'an χaṭṭ sayrih	خرج عن خط سيره
locomotive (f) à vapeur	qāṭira buχāriyya (f)	قاطرة بخارية
chauffeur (m)	'aṭaʃʒiy (m)	عطشجيّ
chauffe (f)	furn al muḥarrik (m)	فرن المحرّك
charbon (m)	faḥm (m)	فحم

26. Le bateau

bateau (m)	safīna (f)	سفينة
navire (m)	safīna (f)	سفينة
bateau (m) à vapeur	bāχira (f)	باخرة
paquebot (m)	bāχira nahriyya (f)	باخرة نهريّة
bateau (m) de croisière	bāχira siyahiyya (f)	باخرة سياحيّة
croiseur (m)	ṭarrād (m)	طرّاد
yacht (m)	yaχt (m)	يخت
remorqueur (m)	qāṭira (f)	قاطرة
péniche (f)	ṣandal (m)	صندل
ferry (m)	'abbāra (f)	عبّارة
voilier (m)	safīna ʃirā'iyya (m)	سفينة شراعيّة
brigantin (m)	markab ʃirā'iy (m)	مركب شراعيّ
brise-glace (m)	muhaṭṭimat ʒalīd (f)	محطّمة جليد
sous-marin (m)	ɣawwāṣa (f)	غوّاصة
canot (m) à rames	markab (m)	مركب
dinghy (m)	zawraq (m)	زورق
canot (m) de sauvetage	qārib naʒāt (m)	قارب نجاة
canot (m) à moteur	lanʃ (m)	لنش
capitaine (m)	qubṭān (m)	قبطان
matelot (m)	baḥḥār (m)	بحّار
marin (m)	baḥḥār (m)	بحّار
équipage (m)	ṭāqim (m)	طاقم
maître (m) d'équipage	ra'īs al baḥḥāra (m)	رئيس البحّارة
mousse (m)	ṣabiy as safīna (m)	صبي السفينة
cuisinier (m) du bord	ṭabbāχ (m)	طبّاخ
médecin (m) de bord	ṭabīb as safīna (m)	طبيب السفينة
pont (m)	saṭḥ as safīna (m)	سطح السفينة
mât (m)	sāriya (f)	سارية
voile (f)	ʃirā' (m)	شراع
cale (f)	'ambar (m)	عنبر
proue (f)	muqaddama (m)	مقدّمة
poupe (f)	mu'axirat as safina (f)	مؤخرة السفينة
rame (f)	miʒðāf (m)	مجذاف
hélice (f)	mirwaḥa (f)	مروحة
cabine (f)	kabīna (f)	كابينة
carré (m) des officiers	ɣurfat al istirāḥa (f)	غرفة الإستراحة
salle (f) des machines	qism al 'ālāt (m)	قسم الآلات
passerelle (f)	burʒ al qiyāda (m)	برج القيادة
cabine (f) de T.S.F.	ɣurfat al lāsilkiy (f)	غرفة اللاسلكيّ
onde (f)	mawʒa (f)	موجة
journal (m) de bord	siʒil as safīna (m)	سجل السفينة
longue-vue (f)	minẓār (m)	منظار
cloche (f)	ʒaras (m)	جرس

pavillon (m)	ʻalam (m)	علم
grosse corde (f) tressée	ḥabl (m)	حبل
nœud (m) marin	ʻuqda (f)	عقدة
rampe (f)	drabizīn (m)	درابزين
passerelle (f)	sullam (m)	سلّم
ancre (f)	mirsāt (f)	مرساة
lever l'ancre	rafaʻ mirsāt	رفع مرساة
jeter l'ancre	rasa	رسا
chaîne (f) d'ancrage	silsilat mirsāt (f)	سلسلة مرساة
port (m)	mīnā' (m)	ميناء
embarcadère (m)	marsa (m)	مرسى
accoster (vi)	rasa	رسا
larguer les amarres	aqlaʻ	أقلع
voyage (m) (à l'étranger)	riḥla (f)	رحلة
croisière (f)	riḥla baḥriyya (f)	رحلة بحرية
cap (m) (suivre un ~)	masār (m)	مسار
itinéraire (m)	ṭarīq (m)	طريق
chenal (m)	maʒra milāḥiy (m)	مجرى ملاحيّ
bas-fond (m)	miyāh ḍaḥla (f)	مياه ضحلة
échouer sur un bas-fond	ʒanaḥ	جنح
tempête (f)	ʻāṣifa (f)	عاصفة
signal (m)	iʃāra (f)	إشارة
sombrer (vi)	ɣariq	غرق
Un homme à la mer!	saqaṭ raʒul min as safīna!	سقط رجل من السفينة!
SOS (m)	nidā' iɣāθa (m)	نداء إغاثة
bouée (f) de sauvetage	ṭawq naʒāt (m)	طوق نجاة

LA VILLE

27. Les transports en commun

autobus (m)	bāṣ (m)	باص
tramway (m)	trām (m)	ترام
trolleybus (m)	truli bāṣ (m)	ترولي باص
itinéraire (m)	χaṭṭ (m)	خط
numéro (m)	raqm (m)	رقم
prendre ...	rakib ...	ركب...
monter (dans l'autobus)	rakib	ركب
descendre de ...	nazil min	نزل من
arrêt (m)	mawqif (m)	موقف
arrêt (m) prochain	al mahaṭṭa al qādima (f)	المحطة القادمة
terminus (m)	āχir mahaṭṭa (f)	آخر محطة
horaire (m)	ʒadwal (m)	جدول
attendre (vt)	intazar	إنتظر
ticket (m)	taðkira (f)	تذكرة
prix (m) du ticket	uʒra (f)	أجرة
caissier (m)	ṣarrāf (m)	صرّاف
contrôle (m) des tickets	taftīʃ taðkira (m)	تفتيش تذكرة
contrôleur (m)	mufattiʃ taðākir (m)	مفتش تذاكر
être en retard	ta'aχχar	تأخّر
rater (~ le train)	ta'aχχar	تأخّر
se dépêcher	ista'ʒal	إستعجل
taxi (m)	taksi (m)	تاكسي
chauffeur (m) de taxi	sā'iq taksi (m)	سائق تاكسي
en taxi	bit taksi	بالتاكسي
arrêt (m) de taxi	mawqif taksi (m)	موقف تاكسي
appeler un taxi	kallam tāksi	كلّم تاكسي
prendre un taxi	aχað taksi	أخذ تاكسي
trafic (m)	harakat al murūr (f)	حركة المرور
embouteillage (m)	zahmat al murūr (f)	زحمة المرور
heures (f pl) de pointe	sā'at að ðurwa (f)	ساعة الذروة
se garer (vp)	awqaf	أوقف
garer (vt)	awqaf	أوقف
parking (m)	mawqif as sayyārāt (m)	موقف السيارات
métro (m)	mitru (m)	مترو
station (f)	mahaṭṭa (f)	محطة
prendre le métro	rakib al mitru	ركب المترو
train (m)	qiṭār (m)	قطار
gare (f)	mahaṭṭat qiṭār (f)	محطة قطار

28. La ville. La vie urbaine

ville (f)	madīna (f)	مدينة
capitale (f)	ʿāṣima (f)	عاصمة
village (m)	qarya (f)	قرية
plan (m) de la ville	xarīṭat al madīna (f)	خريطة المدينة
centre-ville (m)	markaz al madīna (m)	مركز المدينة
banlieue (f)	ḍāḥiya (f)	ضاحية
de banlieue (adj)	aḍ ḍawāḥi	الضواحي
périphérie (f)	aṭrāf al madīna (pl)	أطراف المدينة
alentours (m pl)	ḍawāḥi al madīna (pl)	ضواحي المدينة
quartier (m)	ḥayy (m)	حي
quartier (m) résidentiel	ḥayy sakaniy (m)	حي سكني
trafic (m)	ḥarakat al murūr (f)	حركة المرور
feux (m pl) de circulation	iʃārāt al murūr (pl)	إشارات المرور
transport (m) urbain	wasāʾil an naql (pl)	وسائل النقل
carrefour (m)	taqāṭuʿ (m)	تقاطع
passage (m) piéton	maʿbar al muʃāt (m)	معبر المشاة
passage (m) souterrain	nafaq muʃāt (m)	نفق مشاة
traverser (vt)	ʿabar	عبر
piéton (m)	māʃi (m)	ماش
trottoir (m)	raṣīf (m)	رصيف
pont (m)	ʒisr (m)	جسر
quai (m)	kurnīʃ (m)	كورنيش
fontaine (f)	nāfūra (f)	نافورة
allée (f)	mamʃa (m)	ممشى
parc (m)	ḥadīqa (f)	حديقة
boulevard (m)	bulvār (m)	بولفار
place (f)	maydān (m)	ميدان
avenue (f)	ʃāriʿ (m)	شارع
rue (f)	ʃāriʿ (m)	شارع
ruelle (f)	zuqāq (m)	زقاق
impasse (f)	ṭarīq masdūd (m)	طريق مسدود
maison (f)	bayt (m)	بيت
édifice (m)	mabna (m)	مبنى
gratte-ciel (m)	nāṭiḥat saḥāb (f)	ناطحة سحاب
façade (f)	wāʒiha (f)	واجهة
toit (m)	saqf (m)	سقف
fenêtre (f)	ʃubbāk (m)	شباك
arc (m)	qaws (m)	قوس
colonne (f)	ʿamūd (m)	عمود
coin (m)	zāwiya (f)	زاوية
vitrine (f)	vatrīna (f)	فترينة
enseigne (f)	lāfita (f)	لافتة
affiche (f)	mulṣaq (m)	ملصق
affiche (f) publicitaire	mulṣaq iʿlāniy (m)	ملصق إعلاني

panneau-réclame (m)	lawḥat i'lānāt (f)	لوحة إعلانات
ordures (f pl)	zubāla (f)	زبالة
poubelle (f)	ṣundūq zubāla (m)	صندوق زبالة
jeter à terre	rama zubāla	رمى زبالة
décharge (f)	mazbala (f)	مزبلة
cabine (f) téléphonique	kuʃk tilifūn (m)	كشك تليفون
réverbère (m)	'amūd al miṣbāḥ (m)	عمود المصباح
banc (m)	dikka (f), kursiy (m)	دكّة، كرسي
policier (m)	ʃurṭiy (m)	شرطيّ
police (f)	ʃurṭa (f)	شرطة
clochard (m)	ʃaḥḥāð (m)	شحّاذ
sans-abri (m)	mutaʃarrid (m)	متشرّد

29. Les institutions urbaines

magasin (m)	maḥall (m)	محلّ
pharmacie (f)	ṣaydaliyya (f)	صيدليّة
opticien (m)	al adawāt al baṣariyya (pl)	الأدوات البصريّة
centre (m) commercial	markaz tiʒāriy (m)	مركز تجاريّ
supermarché (m)	subirmarkit (m)	سوبرماركت
boulangerie (f)	maχbaz (m)	مخبز
boulanger (m)	χabbāz (m)	خبّاز
pâtisserie (f)	dukkān ḥalawāniy (m)	دكّان حلوانيّ
épicerie (f)	baqqāla (f)	بقّالة
boucherie (f)	malḥama (f)	ملحمة
magasin (m) de légumes	dukkān χuḍār (m)	دكّان خضار
marché (m)	sūq (f)	سوق
salon (m) de café	kafé (m), maqha (m)	كافيه، مقهى
restaurant (m)	maṭ'am (m)	مطعم
brasserie (f)	ḥāna (f)	حانة
pizzeria (f)	maṭ'am pizza (m)	مطعم بيتزا
salon (m) de coiffure	ṣālūn ḥilāqa (m)	صالون حلاقة
poste (f)	maktab al barīd (m)	مكتب البريد
pressing (m)	tanẓīf ʒāff (m)	تنظيف جافّ
atelier (m) de photo	istūdiyu taṣwīr (m)	إستوديو تصوير
magasin (m) de chaussures	maḥall aḥðiya (m)	محلّ أحذية
librairie (f)	maḥall kutub (m)	محلّ كتب
magasin (m) d'articles de sport	maḥall riyāḍiy (m)	محلّ رياضيّ
atelier (m) de retouche	maḥall χiyāṭat malābis (m)	محلّ خياطة ملابس
location (f) de vêtements	maḥall ta'ʒīr malābis rasmiyya (m)	محلّ تأجير ملابس رسمية
location (f) de films	maḥal ta'ʒīr vidiyu (m)	محلّ تأجير فيديو
cirque (m)	sirk (m)	سيرك
zoo (m)	ḥadīqat al ḥayawān (f)	حديقة حيوان
cinéma (m)	sinima (f)	سينما

musée (m)	matḥaf (m)	متحف
bibliothèque (f)	maktaba (f)	مكتبة
théâtre (m)	masraḥ (m)	مسرح
opéra (m)	ubra (f)	أوبرا
boîte (f) de nuit	malha layliy (m)	ملهى ليليّ
casino (m)	kazinu (m)	كازينو
mosquée (f)	masʒid (m)	مسجد
synagogue (f)	kanīs maʿbad yahūdiy (m)	كنيس معبد يهوديّ
cathédrale (f)	katidrāʾiyya (f)	كاتدرائيّة
temple (m)	maʿbad (m)	معبد
église (f)	kanīsa (f)	كنيسة
institut (m)	kulliyya (m)	كلّيّة
université (f)	ʒāmiʿa (f)	جامعة
école (f)	madrasa (f)	مدرسة
préfecture (f)	muqāṭaʿa (f)	مقاطعة
mairie (f)	baladiyya (f)	بلديّة
hôtel (m)	funduq (m)	فندق
banque (f)	bank (m)	بنك
ambassade (f)	safāra (f)	سفارة
agence (f) de voyages	ʃarikat siyāha (f)	شركة سياحة
bureau (m) d'information	maktab al istiʿlāmāt (m)	مكتب الإستعلامات
bureau (m) de change	ṣarrāfa (f)	صرّافة
métro (m)	mitru (m)	مترو
hôpital (m)	mustaʃfa (m)	مستشفى
station-service (f)	maḥaṭṭat banzīn (f)	محطّة بنزين
parking (m)	mawqif as sayyārāt (m)	موقف السيّارات

30. Les enseignes. Les panneaux

enseigne (f)	lāfita (f)	لافتة
pancarte (f)	bayān (m)	بيان
poster (m)	mulṣaq iʿlāniy (m)	ملصق إعلانيّ
indicateur (m) de direction	ʿalāmat ittiʒāh (f)	علامة إتّجاه
flèche (f)	ʿalāmat iʃāra (f)	علامة إشارة
avertissement (m)	taḥðīr (m)	تحذير
panneau d'avertissement	lāfitat taḥðīr (f)	لافتة تحذير
avertir (vt)	ḥaððar	حذّر
jour (m) de repos	yawm ʿuṭla (m)	يوم عطلة
horaire (m)	ʒadwal (m)	جدول
heures (f pl) d'ouverture	awqāt al ʿamal (pl)	أوقات العمل
BIENVENUE!	ahlan wa sahlan!	أهلًا وسهلًا
ENTRÉE	duχūl	دخول
SORTIE	χurūʒ	خروج
POUSSER	idfaʿ	إدفع

TIRER	isḥab	إسحب
OUVERT	maftūḥ	مفتوح
FERMÉ	muɣlaq	مغلق

| FEMMES | lis sayyidāt | للسيدات |
| HOMMES | lir riʒāl | للرجال |

RABAIS	xaṣm	خصم
SOLDES	taxfiḍāt	تخفيضات
NOUVEAU!	ʒadīd!	جديد!
GRATUIT	maʒʒānan	مجّانًا

ATTENTION!	intibāh!	إنتباه!
COMPLET	kull al amākin maḥʒūza	كل الأماكن محجوزة
RÉSERVÉ	maḥʒūz	محجوز

| ADMINISTRATION | idāra | إدارة |
| RÉSERVÉ AU PERSONNEL | lil 'āmilīn faqaṭ | للعاملين فقط |

ATTENTION CHIEN MÉCHANT	iḥðar wuʒūd al kalb	إحذر وجود الكلب
DÉFENSE DE FUMER	mamnū' at tadxīn	ممنوع التدخين
PRIÈRE DE NE PAS TOUCHER	'adam al lams	عدم اللمس

DANGEREUX	xaṭīr	خطير
DANGER	xatar	خطر
HAUTE TENSION	tayyār 'āli	تيّار عالي
BAIGNADE INTERDITE	as sibāḥa mamnū'a	السباحة ممنوعة
HORS SERVICE	mu'aṭṭal	معطّل

INFLAMMABLE	sarī' al iʃti'āl	سريع الإشتعال
INTERDIT	mamnū'	ممنوع
PASSAGE INTERDIT	mamnū' al murūr	ممنوع المرور
PEINTURE FRAÎCHE	iḥðar ṭilā' ɣayr ʒāff	إحذر طلاء غير جاف

31. Le shopping

acheter (vt)	iʃtara	إشترى
achat (m)	ʃay' (m)	شيء
faire des achats	iʃtara	إشترى
shopping (m)	ʃubinɣ (m)	شوبينغ

| être ouvert | maftūḥ | مفتوح |
| être fermé | muɣlaq | مغلق |

chaussures (f pl)	aḥðiya (pl)	أحذية
vêtement (m)	malābis (pl)	ملابس
produits (m pl) de beauté	mawādd at taʒmīl (pl)	موادّ التجميل
produits (m pl) alimentaires	ma'kūlāt (pl)	مأكولات
cadeau (m)	hadiyya (f)	هديّة

| vendeur (m) | bā'i' (m) | بائع |
| vendeuse (f) | bā'i'a (f) | بائعة |

caisse (f)	ṣundū' ad daf' (m)	صندوق الدفع
miroir (m)	mir'āt (f)	مرآة
comptoir (m)	minḍada (f)	منضدة
cabine (f) d'essayage	ɣurfat al qiyās (f)	غرفة القياس
essayer (robe, etc.)	ʒarrab	جرّب
aller bien (robe, etc.)	nāsab	ناسب
plaire (être apprécié)	a'ʒab	أعجب
prix (m)	si'r (m)	سعر
étiquette (f) de prix	tikit as si'r (m)	تيكت السعر
coûter (vt)	kallaf	كلف
Combien?	bikam?	بكم؟
rabais (m)	χaṣm (m)	خصم
pas cher (adj)	ɣayr ɣāli	غير غال
bon marché (adj)	raχīṣ	رخيص
cher (adj)	ɣāli	غال
C'est cher	haða ɣāli	هذا غال
location (f)	isti'ʒār (m)	إستئجار
louer (une voiture, etc.)	ista'ʒar	إستأجر
crédit (m)	i'timān (m)	إئتمان
à crédit (adv)	bid dayn	بالدين

LES VÊTEMENTS & LES ACCESSOIRES

32. Les vêtements d'extérieur

vêtement (m)	malābis (pl)	ملابس
survêtement (m)	malābis fawqāniyya (pl)	ملابس فوقانيّة
vêtement (m) d'hiver	malābis ʃitawiyya (pl)	ملابس شتويّة
manteau (m)	mi'ṭaf (m)	معطف
manteau (m) de fourrure	mi'ṭaf farw (m)	معطف فرو
veste (f) de fourrure	ʒākīt farw (m)	جاكيت فرو
manteau (m) de duvet	ḥaʃiyyat rīʃ (m)	حشية ريش
veste (f) (~ en cuir)	ʒākīt (m)	جاكيت
imperméable (m)	mi'ṭaf lil maṭar (m)	معطف للمطر
imperméable (adj)	ṣāmid lil mā'	صامد للماء

33. Les vêtements

chemise (f)	qamīṣ (m)	قميص
pantalon (m)	banṭalūn (m)	بنطلون
jean (m)	ʒīnz (m)	جينز
veston (m)	sutra (f)	سترة
complet (m)	badla (f)	بدلة
robe (f)	fustān (m)	فستان
jupe (f)	tannūra (f)	تنّورة
chemisette (f)	blūza (f)	بلوزة
veste (f) en laine	kardigān (m)	كارديجان
jaquette (f), blazer (m)	ʒākīt (m)	جاكيت
tee-shirt (m)	ti ʃirt (m)	تي شيرت
short (m)	ʃūrt (m)	شورت
costume (m) de sport	badlat at tadrīb (f)	بدلة التدريب
peignoir (m) de bain	θawb ḥammām (m)	ثوب حمّام
pyjama (m)	biʒāma (f)	بيجاما
chandail (m)	bulūvir (m)	بلوفر
pull-over (m)	bulūvir (m)	بلوفر
gilet (m)	ṣudayriy (m)	صديريّ
queue-de-pie (f)	badlat sahra (f)	بدلة سهرة
smoking (m)	smūkin (m)	سموكن
uniforme (m)	zayy muwaḥḥad (m)	زي موحّد
tenue (f) de travail	θiyāb al 'amal (m)	ثياب العمل
salopette (f)	uvirūl (m)	اوفرول
blouse (f) (d'un médecin)	θawb (m)	ثوب

34. Les sous-vêtements

sous-vêtements (m pl)	malābis dāχiliyya (pl)	ملابس داخليّة
boxer (m)	sirwāl dāχiliy riʒāliy (m)	سروال داخلي رجاليّ
slip (m) de femme	sirwāl dāχiliy nisā'iy (m)	سروال داخليّ نسائيّ
maillot (m) de corps	qamīṣ bila aqmām (m)	قميص بلا أكمام
chaussettes (f pl)	ʒawārib (pl)	جوارب

chemise (f) de nuit	qamīṣ nawm (m)	قميص نوم
soutien-gorge (m)	ḥammālat ṣadr (f)	حمّالة صدر
chaussettes (f pl) hautes	ʒawārib ṭawīla (pl)	جوارب طويلة
collants (m pl)	ʒawārib kulūn (pl)	جوارب كولون
bas (m pl)	ʒawārib nisā'iyya (pl)	جوارب نسائية
maillot (m) de bain	libās sibāḥa (m)	لباس سباحة

35. Les chapeaux

chapeau (m)	qubbaʿa (f)	قبّعة
chapeau (m) feutre	burnayṭa (f)	برنيطة
casquette (f) de base-ball	kāb baysbūl (m)	كاب بيسبول
casquette (f)	qubbaʿa musaṭṭaḥa (f)	قبّعة مسطحة

béret (m)	birīh (m)	بيريه
capuche (f)	γiṭā' (m)	غطاء
panama (m)	qubbaʿat banāma (f)	قبّعة بناما
bonnet (m) de laine	qubbāʿa maḥbūka (f)	قبّعة محبوكة

foulard (m)	ʃʃārb (m)	إيشارب
chapeau (m) de femme	burnayṭa (f)	برنيطة

casque (m) (d'ouvriers)	χūða (f)	خوذة
calot (m)	kāb (m)	كاب
casque (m) (~ de moto)	χūða (f)	خوذة

melon (m)	qubbaʿat dirbi (f)	قبّعة ديربي
haut-de-forme (m)	qubbaʿa ʿāliya (f)	قبّعة عالية

36. Les chaussures

chaussures (f pl)	aḥðiya (pl)	أحذية
bottines (f pl)	ʒazma (f)	جزمة
souliers (m pl) (~ plats)	ʒazma (f)	جزمة
bottes (f pl)	būt (m)	بوت
chaussons (m pl)	ʃibʃib (m)	شبشب

tennis (m pl)	ḥiðā' riyāḍiy (m)	حذاء رياضيّ
baskets (f pl)	kutʃi (m)	كوتشي
sandales (f pl)	ṣandal (pl)	صندل

cordonnier (m)	iskāfiy (m)	إسكافيّ
talon (m)	ka'b (m)	كعب

paire (f)	zawӡ (m)	زوج
lacet (m)	ʃarīṭ (m)	شريط
lacer (vt)	rabaṭ	ربط
chausse-pied (m)	labbāsat ḥiðā' (f)	لبّاسة حذاء
cirage (m)	warnīʃ al ḥiðā' (m)	ورنيش الحذاء

37. Les accessoires personnels

gants (m pl)	quffāz (m)	قفّاز
moufles (f pl)	quffāz muɣlaq (m)	قفّاز مغلق
écharpe (f)	ʃʃārb (m)	إيشارب

lunettes (f pl)	nazzāra (f)	نظّارة
monture (f)	iṭār (m)	إطار
parapluie (m)	ʃamsiyya (f)	شمسيّة
canne (f)	'aṣa (f)	عصا
brosse (f) à cheveux	furʃat ʃa'r (f)	فرشة شعر
éventail (m)	mirwaḥa yadawiyya (f)	مروحة يدوية

cravate (f)	karavatta (f)	كرافتة
nœud papillon (m)	babyūn (m)	ببيون
bretelles (f pl)	ḥammāla (f)	حمّالة
mouchoir (m)	mandīl (m)	منديل

peigne (m)	miʃṭ (m)	مشط
barrette (f)	dabbūs (m)	دبّوس
épingle (f) à cheveux	bansa (m)	بنسة
boucle (f)	bukla (f)	بكلة

| ceinture (f) | ḥizām (m) | حزام |
| bandoulière (f) | ḥammalat al katf (f) | حمّالة الكتف |

sac (m)	ʃanṭa (f)	شنطة
sac (m) à main	ʃanṭat yad (f)	شنطة يد
sac (m) à dos	ḥaqībat ẓahr (f)	حقيبة ظهر

38. Les vêtements. Divers

mode (f)	mūḍa (f)	موضة
à la mode (adj)	fil mūḍa	في الموضة
couturier, créateur de mode	muṣammim azyā' (m)	مصمّم أزياء

col (m)	yāqa (f)	ياقة
poche (f)	ӡayb (m)	جيب
de poche (adj)	ӡayb	جيب
manche (f)	kumm (m)	كمّ
bride (f)	'allāqa (f)	علّاقة
braguette (f)	lisān (m)	لسان

fermeture (f) à glissière	zimām munzaliq (m)	زمام منزلق
agrafe (f)	miʃbak (m)	مشبك
bouton (m)	zirr (m)	زرّ

boutonnière (f)	'urwa (f)	عروة
s'arracher (bouton)	waqa'	وقع
coudre (vi, vt)	χāṭ	خاط
broder (vt)	ṭarraz	طرّز
broderie (f)	taṭrīz (m)	تطريز
aiguille (f)	ibra (f)	إبرة
fil (m)	χayṭ (m)	خيط
couture (f)	darz (m)	درز
se salir (vp)	tawassaχ	توسّخ
tache (f)	buq'a (f)	بقعة
se froisser (vp)	takarmaʃ	تكرمش
déchirer (vt)	qaṭṭa'	قطّع
mite (f)	'uθθa (f)	عثّة

39. L'hygiène corporelle. Les cosmétiques

dentifrice (m)	ma'ʒūn asnān (m)	معجون أسنان
brosse (f) à dents	furʃat asnān (f)	فرشة أسنان
se brosser les dents	naẓẓaf al asnān	نظّف الأسنان
rasoir (m)	mūs ḥilāqa (m)	موس حلاقة
crème (f) à raser	krīm ḥilāqa (m)	كريم حلاقة
se raser (vp)	ḥalaq	حلق
savon (m)	ṣābūn (m)	صابون
shampooing (m)	ʃāmbū (m)	شامبو
ciseaux (m pl)	maqaṣṣ (m)	مقصّ
lime (f) à ongles	mibrad (m)	مبرد
pinces (f pl) à ongles	milqaṭ (m)	ملقط
pince (f) à épiler	milqaṭ (m)	ملقط
produits (m pl) de beauté	mawādd at taʒmīl (pl)	موادّ التجميل
masque (m) de beauté	mask (m)	ماسك
manucure (f)	manikūr (m)	مانيكور
se faire les ongles	'amal manikūr	عمل مانيكور
pédicurie (f)	badikīr (m)	باديكير
trousse (f) de toilette	ḥaqībat adawāt at taʒmīl (f)	حقيبة أدوات التجميل
poudre (f)	budrat waʒh (f)	بودرة وجه
poudrier (m)	'ulbat būdra (f)	علبة بودرة
fard (m) à joues	aḥmar χudūd (m)	أحمر خدود
parfum (m)	'iṭr (m)	عطر
eau (f) de toilette	kulūnya (f)	كولونيا
lotion (f)	lusiyun (m)	لوسيون
eau de Cologne (f)	kulūniya (f)	كولونيا
fard (m) à paupières	ay ʃaduw (m)	اي شادو
crayon (m) à paupières	kuḥl al 'uyūn (m)	كحل العيون
mascara (m)	maskara (f)	ماسكارا
rouge (m) à lèvres	aḥmar ʃifāh (m)	أحمر شفاه

vernis (m) à ongles	mulammi' al aẓāfir (m)	ملمّع الاظافر
laque (f) pour les cheveux	muθabbit aʃ ʃa'r (m)	منبّت الشعر
déodorant (m)	muzīl rawā'iḥ (m)	مزيل روائح
crème (f)	krīm (m)	كريم
crème (f) pour le visage	krīm lil waзh (m)	كريم للوجه
crème (f) pour les mains	krīm lil yadayn (m)	كريم لليدين
crème (f) anti-rides	krīm muḍādd lit taзā'īd (m)	كريم مضادّ للتجاعيد
crème (f) de jour	krīm an nahār (m)	كريم النهار
crème (f) de nuit	krīm al layl (m)	كريم الليل
de jour (adj)	nahāriy	نهاريّ
de nuit (adj)	layliy	ليليّ
tampon (m)	tambūn (m)	تانبون
papier (m) de toilette	waraq ḥammām (m)	ورق حمّام
sèche-cheveux (m)	muзaffif ʃa'r (m)	مجفف شعر

40. Les montres. Les horloges

montre (f)	sā'a (f)	ساعة
cadran (m)	waзh as sā'a (m)	وجه الساعة
aiguille (f)	'aqrab as sā'a (m)	عقرب الساعة
bracelet (m)	siwār sā'a ma'daniyya (m)	سوار ساعة معدنية
bracelet (m) (en cuir)	siwār sā'a (m)	سوار ساعة
pile (f)	baṭṭāriyya (f)	بطّاريّة
être déchargé	tafarraɣ	تفرّغ
changer de pile	ɣayyar al baṭṭāriyya	غيّر البطّاريّة
avancer (vi)	sabaq	سبق
retarder (vi)	ta'aҳҳar	تأخّر
pendule (f)	sā'at ḥā'iṭ (f)	ساعة حائط
sablier (m)	sā'a ramliyya (f)	ساعة رمليّة
cadran (m) solaire	sā'a ʃamsiyya (f)	ساعة شمسيّة
réveil (m)	munabbih (m)	منبّه
horloger (m)	sa'ātiy (m)	ساعاتيَ
réparer (vt)	aṣlaḥ	أصلح

L'EXPÉRIENCE QUOTIDIENNE

41. L'argent

argent (m)	nuqūd (pl)	نقود
échange (m)	taḥwīl ʿumla (m)	تحويل عملة
cours (m) de change	siʿr aṣ ṣarf (m)	سعر الصرف
distributeur (m)	ṣarrāf ʾāliy (m)	صرّاف آليّ
monnaie (f)	qiṭʿa naqdiyya (f)	قطعة نقدية
dollar (m)	dulār (m)	دولار
euro (m)	yuru (m)	يورو
lire (f)	lira iṭāliyya (f)	ليرة إيطالية
mark (m) allemand	mark almāniy (m)	مارك ألماني
franc (m)	frank (m)	فرنك
livre sterling (f)	ʒunayh istirlīniy (m)	جنيه استرلينيّ
yen (m)	yīn (m)	ين
dette (f)	dayn (m)	دين
débiteur (m)	mudīn (m)	مدين
prêter (vt)	sallaf	سلّف
emprunter (vt)	istalaf	إستلف
banque (f)	bank (m)	بنك
compte (m)	ḥisāb (m)	حساب
verser (dans le compte)	awdaʿ	أودع
verser dans le compte	awdaʿ fil ḥisāb	أودع في الحساب
retirer du compte	saḥab min al ḥisāb	سحب من الحساب
carte (f) de crédit	biṭāqat iʾtimān (f)	بطاقة إئتمان
espèces (f pl)	nuqūd (pl)	نقود
chèque (m)	ʃīk (m)	شيك
faire un chèque	katab ʃīk	كتب شيكًا
chéquier (m)	daftar ʃīkāt (m)	دفتر شيكات
portefeuille (m)	maḥfaẓat ʒīb (f)	محفظة جيب
bourse (f)	maḥfaẓat fakka (f)	محفظة فكّة
coffre fort (m)	χizāna (f)	خزانة
héritier (m)	wāris (m)	وارث
héritage (m)	wirāθa (f)	وراثة
fortune (f)	θarwa (f)	ثروة
location (f)	ʾīʒār (m)	إيجار
loyer (m) (argent)	uʒrat as sakan (f)	أجرة السكن
louer (prendre en location)	istaʾʒar	إستأجر
prix (m)	siʿr (m)	سعر
coût (m)	θaman (m)	ثمن

somme (f)	mablaɣ (m)	مبلغ
dépenser (vt)	ṣaraf	صرف
dépenses (f pl)	maṣārīf (pl)	مصاريف
économiser (vt)	waffar	وفَر
économe (adj)	muwaffir	موفَر
payer (régler)	dafaʿ	دفع
paiement (m)	dafʿ (m)	دفع
monnaie (f) (rendre la ~)	al bāqi (m)	الباقي
impôt (m)	ḍarība (f)	ضريبة
amende (f)	ɣarāma (f)	غرامة
mettre une amende	faraḍ ɣarāma	فرض غرامة

42. La poste. Les services postaux

poste (f)	maktab al barīd (m)	مكتب البريد
courrier (m) (lettres, etc.)	al barīd (m)	البريد
facteur (m)	sāʾi al barīd (m)	ساعي البريد
heures (f pl) d'ouverture	awqāt al ʿamal (pl)	أوقات العمل
lettre (f)	risāla (f)	رسالة
recommandé (m)	risāla musaǧǧala (f)	رسالة مسجَلة
carte (f) postale	biṭāqa barīdiyya (f)	بطاقة بريديَة
télégramme (m)	barqiyya (f)	برقيَة
colis (m)	ṭard (m)	طرد
mandat (m) postal	ḥawāla māliyya (f)	حوالة ماليَة
recevoir (vt)	istalam	إستلم
envoyer (vt)	arsal	أرسل
envoi (m)	irsāl (m)	إرسال
adresse (f)	ʿunwān (m)	عنوان
code (m) postal	raqm al barīd (m)	رقم البريد
expéditeur (m)	mursil (m)	مرسل
destinataire (m)	mursal ilayh (m)	مرسل إليه
prénom (m)	ism (m)	إسم
nom (m) de famille	ism al ʿāʾila (m)	إسم العائلة
tarif (m)	taʿrīfa (f)	تعريفة
normal (adj)	ʿādiy	عاديَ
économique (adj)	muwaffir	موفَر
poids (m)	wazn (m)	وزن
peser (~ les lettres)	wazan	وزن
enveloppe (f)	ẓarf (m)	ظرف
timbre (m)	ṭābiʿ (m)	طابع
timbrer (vt)	alṣaq ṭābiʿ	ألصق طابعا

43. Les opérations bancaires

banque (f)	bank (m)	بنك
agence (f) bancaire	farʿ (m)	فرع

conseiller (m)	muwazzaf bank (m)	موظّف بنك
gérant (m)	mudīr (m)	مدير
compte (m)	hisāb (m)	حساب
numéro (m) du compte	raqm al hisāb (m)	رقم الحساب
compte (m) courant	hisāb ӡāri (m)	حساب جار
compte (m) sur livret	hisāb tawfīr (m)	حساب توفير
ouvrir un compte	fatah hisāb	فتح حسابا
clôturer le compte	aylaq hisāb	أغلق حسابا
verser dans le compte	awda' fil hisāb	أودع في الحساب
retirer du compte	sahab min al hisāb	سحب من الحساب
dépôt (m)	wadīa (f)	وديعة
faire un dépôt	awda'	أودع
virement (m) bancaire	hawāla (f)	حوالة
faire un transfert	hawwal	حوّل
somme (f)	mablay (m)	مبلغ
Combien?	kam?	كم؟
signature (f)	tawqī' (m)	توقيع
signer (vt)	waqqa'	وقّع
carte (f) de crédit	biṭāqat i'timān (f)	بطاقة ائتمان
code (m)	kūd (m)	كود
numéro (m) de carte de crédit	raqm biṭāqat i'timān (m)	رقم بطاقة إئتمان
distributeur (m)	sarrāf 'āliy (m)	صرّاف آليّ
chèque (m)	ʃīk (m)	شيك
faire un chèque	katab ʃīk	كتب شيكًا
chéquier (m)	daftar ʃīkāt (m)	دفتر شيكات
crédit (m)	qard (m)	قرض
demander un crédit	qaddam talab lil husūl 'ala qard	قدّم طلبا للحصول على قرض
prendre un crédit	hasal 'ala qard	حصل على قرض
accorder un crédit	qaddam qard	قدّم قرضا
gage (m)	damān (m)	ضمان

44. Le téléphone. La conversation téléphonique

téléphone (m)	hātif (m)	هاتف
portable (m)	hātif mahmūl (m)	هاتف محمول
répondeur (m)	muӡīb al hātif (m)	مجيب الهاتف
téléphoner, appeler	ittasal	إتّصل
appel (m)	mukālama tilifuniyya (f)	مكالمة تليفونية
composer le numéro	ittasal bi raqm	إتّصل برقم
Allô!	alu!	ألو!
demander (~ l'heure)	sa'al	سأل
répondre (vi, vt)	radd	ردّ
entendre (bruit, etc.)	sami'	سمع

bien (adv)	ʒayyidan	جيِّدًا
mal (adv)	sayyi'an	سيِّئًا
bruits (m pl)	taʃwiʃ (m)	تشويش

récepteur (m)	sammāʿa (f)	سمَّاعة
décrocher (vt)	rafaʿ as sammāʿa	رفع السمَّاعة
raccrocher (vi)	qafal as sammāʿa	قفل السمَّاعة

occupé (adj)	maʃɣūl	مشغول
sonner (vi)	rann	رنَّ
carnet (m) de téléphone	dalīl at tilifūn (m)	دليل التليفون

local (adj)	maḥalliyya	ة محليَّة
appel (m) local	mukālama hātifiyya maḥalliyya (f)	مكالمة هاتفيَّة محليَّة
interurbain (adj)	baʿīd al mada	بعيد المدى
appel (m) interurbain	mukālama baʿīdat al mada (f)	مكالمة بعيدة المدى
international (adj)	duwaliy	دوليّ
appel (m) international	mukālama duwaliyya (f)	مكالمة دوليَّة

45. Le téléphone portable

portable (m)	hātif maḥmūl (m)	هاتف محمول
écran (m)	ʒihāz ʿarḍ (m)	جهاز عرض
bouton (m)	zirr (m)	زرّ
carte SIM (f)	sim kart (m)	سيم كارت

pile (f)	baṭṭāriyya (f)	بطَّارية
être déchargé	χalaṣat	خلصت
chargeur (m)	ʃāḥin (m)	شاحن

menu (m)	qāʾima (f)	قائمة
réglages (m pl)	awḍāʿ (pl)	أوضاع
mélodie (f)	naɣma (f)	نغمة
sélectionner (vt)	iχtār	إختار

calculatrice (f)	ʾāla ḥāsiba (f)	آلة حاسبة
répondeur (m)	barīd ṣawtiy (m)	بريد صوتيّ
réveil (m)	munabbih (m)	منبه
contacts (m pl)	ʒihāt al ittiṣāl (pl)	جهات الإتّصال

| SMS (m) | risāla qaṣīra ɛsɛmɛs (f) | sms رسالة قصيرة |
| abonné (m) | muʃtarik (m) | مشترك |

46. La papeterie

| stylo (m) à bille | qalam ʒāf (m) | قلم جاف |
| stylo (m) à plume | qalam rīʃa (m) | قلم ريشة |

crayon (m)	qalam ruṣāṣ (m)	قلم رصاص
marqueur (m)	markir (m)	ماركر
feutre (m)	qalam χaṭṭāṭ (m)	قلم خطاط

| bloc-notes (m) | muðakkira (f) | مذكِّرة |
| agenda (m) | ʒadwal al aʿmāl (m) | جدول الأعمال |

règle (f)	masṭara (f)	مسطرة
calculatrice (f)	'āla ḥāsiba (f)	آلة حاسبة
gomme (f)	astīka (f)	استيكة
punaise (f)	dabbūs (m)	دبّوس
trombone (m)	dabbūs waraq (m)	دبّوس ورق

colle (f)	ṣamɣ (m)	صمغ
agrafeuse (f)	dabbāsa (f)	دبّاسة
perforateur (m)	xarrāma (m)	خرّامة
taille-crayon (m)	mibrāt (f)	مبراة

47. Les langues étrangères

langue (f)	luɣa (f)	لغة
étranger (adj)	aʒnabiy	أجنبيّ
langue (f) étrangère	luɣa aʒnabiyya (f)	لغة أجنبيّة
étudier (vt)	daras	درس
apprendre (~ l'arabe)	taʿallam	تعلّم

lire (vi, vt)	qara'	قرأ
parler (vi, vt)	takallam	تكلّم
comprendre (vt)	fahim	فهم
écrire (vt)	katab	كتب

vite (adv)	bi surʿa	بسرعة
lentement (adv)	bi buṭ'	ببطء
couramment (adv)	bi ṭalāqa	بطلاقة

règles (f pl)	qawāʿid (pl)	قواعد
grammaire (f)	an naḥw waṣ ṣarf (m)	النحو والصرف
vocabulaire (m)	mufradāt al luɣa (pl)	مفردات اللغة
phonétique (f)	ṣawtīyyāt (pl)	صوتيّات

manuel (m)	kitāb taʿlīm (m)	كتاب تعليم
dictionnaire (m)	qāmūs (m)	قاموس
manuel (m) autodidacte	kitāb taʿlīm ðātiy (m)	كتاب تعليم ذاتيّ
guide (m) de conversation	kitāb lil ʿibārāt aʃ ʃāʾiʿa (m)	كتاب للعبارت الشائعة

cassette (f)	ʃarīṭ (m)	شريط
cassette (f) vidéo	ʃarīṭ vidiyu (m)	شريط فيديو
CD (m)	si di (m)	سي دي
DVD (m)	di vi di (m)	دي في دي

alphabet (m)	alifbā' (m)	ألفباء
épeler (vt)	tahaʒʒa	تهجّى
prononciation (f)	nuṭq (m)	نطق

accent (m)	lukna (f)	لكنة
avec un accent	bi lukna	بلكنة
sans accent	bi dūn lukna	بدون لكنة
mot (m)	kalima (f)	كلمة

sens (m)	ma'na (m)	معنى
cours (m pl)	dawra (f)	دورة
s'inscrire (vp)	saʒʒal ismahu	سجِّل إسمه
professeur (m) (~ d'anglais)	mudarris (m)	مدرس
traduction (f) (action)	tarʒama (f)	ترجمة
traduction (f) (texte)	tarʒama (f)	ترجمة
traducteur (m)	mutarʒim (m)	مترجم
interprète (m)	mutarʒim fawriy (m)	مترجم فوريَ
polyglotte (m)	ʿalīm bi ʿiddat luɣāt (m)	عليم بعدّة لغات
mémoire (f)	ðākira (f)	ذاكرة

LES REPAS. LE RESTAURANT

48. Le dressage de la table

cuillère (f)	mil'aqa (f)	ملعقة
couteau (m)	sikkīn (m)	سكّين
fourchette (f)	ʃawka (f)	شوكة
tasse (f)	finʒān (m)	فنجان
assiette (f)	ṭabaq (m)	طبق
soucoupe (f)	ṭabaq finʒān (m)	طبق فنجان
serviette (f)	mandīl (m)	منديل
cure-dent (m)	χallat asnān (f)	خلّة أسنان

49. Le restaurant

restaurant (m)	maṭ'am (m)	مطعم
salon (m) de café	kafé (m), maqha (m)	كافيه، مقهى
bar (m)	bār (m)	بار
salon (m) de thé	ṣālun ʃāy (m)	صالون شاي
serveur (m)	nādil (m)	نادل
serveuse (f)	nādila (f)	نادلة
barman (m)	bārman (m)	بارمان
carte (f)	qā'imat aṭ ṭa'ām (f)	قائمة طعام
carte (f) des vins	qā'imat al χumūr (f)	قائمة خمور
réserver une table	ḥaʒaz mā'ida	حجز مائدة
plat (m)	waʒba (f)	وجبة
commander (vt)	ṭalab	طلب
faire la commande	ṭalab	طلب
apéritif (m)	ʃarāb (m)	شراب
hors-d'œuvre (m)	muqabbilāt (pl)	مقبّلات
dessert (m)	ḥalawiyyāt (pl)	حلويّات
addition (f)	ḥisāb (m)	حساب
régler l'addition	dafa' al ḥisāb	دفع الحساب
rendre la monnaie	a'ṭa al bāqi	أعطى الباقي
pourboire (m)	baqʃīʃ (m)	بقشيش

50. Les repas

nourriture (f)	akl (m)	أكل
manger (vi, vt)	akal	أكل

petit déjeuner (m)	fuṭūr (m)	فطور
prendre le petit déjeuner	afṭar	أفطر
déjeuner (m)	ɣadā' (m)	غداء
déjeuner (vi)	taɣadda	تغدّى
dîner (m)	'aʃā' (m)	عشاء
dîner (vi)	ta'aʃʃa	تعشّى
appétit (m)	ʃahiyya (f)	شهيّة
Bon appétit!	hanī'an marī'an!	هنيئًا مريئًا!
ouvrir (vt)	fataḥ	فتح
renverser (liquide)	dalaq	دلق
se renverser (liquide)	indalaq	إندلق
bouillir (vi)	ɣala	غلى
faire bouillir	ɣala	غلى
bouilli (l'eau ~e)	maɣliy	مغليّ
refroidir (vt)	barrad	برّد
se refroidir (vp)	tabarrad	تبرّد
goût (m)	ṭa'm (m)	طعم
arrière-goût (m)	al maðāq al 'āliq fil fam (m)	المذاق العالق فى الفم
suivre un régime	faqad al wazn	فقد الوزن
régime (m)	ḥimya ɣaðā'iyya (f)	حمية غذائية
vitamine (f)	vitamīn (m)	فيتامين
calorie (f)	su'ra ḥarāriyya (f)	سعرة حراريَة
végétarien (m)	nabātiy (m)	نباتيّ
végétarien (adj)	nabātiy	نباتيّ
lipides (m pl)	duhūn (pl)	دهون
protéines (f pl)	brutināt (pl)	بروتينات
glucides (m pl)	naʃawiyyāt (pl)	نشويَات
tranche (f)	ʃarīḥa (f)	شريحة
morceau (m)	qiṭ'a (f)	قطعة
miette (f)	futāta (f)	فتاتة

51. Les plats cuisinés

plat (m)	waʒba (f)	وجبة
cuisine (f)	maṭbax (m)	مطبخ
recette (f)	waṣfa (f)	وصفة
portion (f)	waʒba (f)	وجبة
salade (f)	sulṭa (f)	سلطة
soupe (f)	ʃūrba (f)	شوربة
bouillon (m)	maraq (m)	مرق
sandwich (m)	sandawitʃ (m)	ساندويتش
les œufs brouillés	bayḍ maqliy (m)	بيض مقليّ
hamburger (m)	hamburger (m)	هامبورجر
steak (m)	biftīk (m)	بفتيك
garniture (f)	ṭabaq ʒānibiy (m)	طبق جانبيّ

spaghettis (m pl)	spaɣitti (m)	سباغيتي
purée (f)	harīs baṭāṭis (m)	هريس بطاطس
pizza (f)	bītza (f)	بيتزا
bouillie (f)	ʿaṣīda (f)	عصيدة
omelette (f)	bayḍ maxfūq (m)	بيض مخفوق

cuit à l'eau (adj)	maslūq	مسلوق
fumé (adj)	mudaxxin	مدخّن
frit (adj)	maqliy	مقليّ
sec (adj)	muʒaffaf	مجفّف
congelé (adj)	muʒammad	مجمّد
mariné (adj)	muxallil	مخلّل

sucré (adj)	musakkar	مسكّر
salé (adj)	māliḥ	مالح
froid (adj)	bārid	بارد
chaud (adj)	sāxin	ساخن
amer (adj)	murr	مرّ
bon (savoureux)	laðīð	لذيذ

cuire à l'eau	ṭabax	طبخ
préparer (le dîner)	ḥaḍḍar	حضّر
faire frire	qala	قلي
réchauffer (vt)	saxxan	سخّن

saler (vt)	mallaḥ	ملّح
poivrer (vt)	falfal	فلفل
râper (vt)	baʃar	بشر
peau (f)	qiʃra (f)	قشرة
éplucher (vt)	qaʃʃar	قشّر

52. Les aliments

viande (f)	laḥm (m)	لحم
poulet (m)	daʒāʒ (m)	دجاج
poulet (m) (poussin)	farrūʒ (m)	فرّوج
canard (m)	baṭṭa (f)	بطّة
oie (f)	iwazza (f)	إوزّة
gibier (m)	ṣayd (m)	صيد
dinde (f)	daʒāʒ rūmiy (m)	دجاج رومي

du porc	laḥm al xinzīr (m)	لحم الخنزير
du veau	laḥm il ʿiʒl (m)	لحم العجل
du mouton	laḥm aḍ ḍa'n (m)	لحم الضأن
du bœuf	laḥm al baqar (m)	لحم البقر
lapin (m)	arnab (m)	أرنب

saucisson (m)	suʒuq (m)	سجق
saucisse (f)	suʒuq (m)	سجق
bacon (m)	bikūn (m)	بيكون
jambon (m)	hām (m)	هام
cuisse (f)	faxð xinzīr (m)	فخذ خنزير
pâté (m)	maʿʒūn laḥm (m)	معجون لحم
foie (m)	kibda (f)	كبدة

farce (f)	ḥaʃwa (f)	حشوة
langue (f)	lisān (m)	لسان
œuf (m)	bayḍa (f)	بيضة
les œufs	bayḍ (m)	بيض
blanc (m) d'œuf	bayāḍ al bayḍ (m)	بياض البيض
jaune (m) d'œuf	ṣafār al bayḍ (m)	صفار البيض
poisson (m)	samak (m)	سمك
fruits (m pl) de mer	fawākih al baḥr (pl)	فواكه البحر
caviar (m)	kaviyār (m)	كافيار
crabe (m)	salṭaʿūn (m)	سلطعون
crevette (f)	ӡambari (m)	جمبريَ
huître (f)	maḥār (m)	محار
langoustine (f)	karkand ʃāik (m)	كركند شائك
poulpe (m)	uxṭubūṭ (m)	أخطبوط
calamar (m)	kalmāri (m)	كالماري
esturgeon (m)	samak al ḥaʃʃ (m)	سمك الحفش
saumon (m)	salmūn (m)	سلمون
flétan (m)	samak al halbūt (m)	سمك الهلبوت
morue (f)	samak al qudd (m)	سمك القدَ
maquereau (m)	usqumriy (m)	أسقمريَ
thon (m)	tūna (f)	تونة
anguille (f)	ḥankalīs (m)	حنكليس
truite (f)	salmūn muraqqaṭ (m)	سلمون مرقَط
sardine (f)	sardīn (m)	سردين
brochet (m)	samak al karāki (m)	سمك الكراكي
hareng (m)	rinӡa (f)	رنجة
pain (m)	xubz (m)	خبز
fromage (m)	ӡubna (f)	جبنة
sucre (m)	sukkar (m)	سكَر
sel (m)	milḥ (m)	ملح
riz (m)	urz (m)	أرز
pâtes (m pl)	makarūna (f)	مكرونة
nouilles (f pl)	nūdlis (f)	نودلز
beurre (m)	zubda (f)	زبدة
huile (f) végétale	zayt (m)	زيت
huile (f) de tournesol	zayt ʿabīd aʃ ʃams (m)	زيت عبيد الشمس
margarine (f)	marɣarīn (m)	مرغرين
olives (f pl)	zaytūn (m)	زيتون
huile (f) d'olive	zayt az zaytūn (m)	زيت الزيتون
lait (m)	ḥalīb (m)	حليب
lait (m) condensé	ḥalīb mukaθθaf (m)	حليب مكثَف
yogourt (m)	yūɣurt (m)	يوغورت
crème (f) aigre	krīma ḥāmiḍa (f)	كريمة حامضة
crème (f) (de lait)	krīma (f)	كريمة
sauce (f) mayonnaise	mayunīz (m)	مايونيز

crème (f) au beurre	krīmat zubda (f)	كريمة زبدة
gruau (m)	ḥubūb (pl)	حبوب
farine (f)	daqīq (m)	دقيق
conserves (f pl)	mu'allabāt (pl)	معلّبات

pétales (m pl) de maïs	kurn fliks (m)	كورن فليكس
miel (m)	'asal (m)	عسل
confiture (f)	murabba (m)	مربّى
gomme (f) à mâcher	'ilk (m)	علك

53. Les boissons

eau (f)	mā' (m)	ماء
eau (f) potable	mā' ʃurb (m)	ماء شرب
eau (f) minérale	mā' ma'daniy (m)	ماء معدني

plate (adj)	bi dūn ɣāz	بدون غاز
gazeuse (l'eau ~)	mukarban	مكربن
pétillante (adj)	bil ɣāz	بالغاز
glace (f)	θalʒ (m)	ثلج
avec de la glace	biθ θalʒ	بالثلج

sans alcool	bi dūn kuḥūl	بدون كحول
boisson (f) non alcoolisée	maʃrūb ɣāziy (m)	مشروب غازي
rafraîchissement (m)	maʃrūb muθallaʒ (m)	مشروب مثلّج
limonade (f)	ʃarāb laymūn (m)	شراب ليمون

boissons (f pl) alcoolisées	maʃrūbāt kuḥūliyya (pl)	مشروبات كحوليّة
vin (m)	nabīð (f)	نبيذ
vin (m) blanc	nibīð abyaḍ (m)	نبيذ أبيض
vin (m) rouge	nabīð aḥmar (m)	نبيذ أحمر

liqueur (f)	liqiūr (m)	ليكيور
champagne (m)	ʃambāniya (f)	شمبانيا
vermouth (m)	virmut (m)	فيرموث

whisky (m)	wiski (m)	وسكي
vodka (f)	vudka (f)	فودكا
gin (m)	ʒīn (m)	جين
cognac (m)	kunyāk (m)	كونياك
rhum (m)	rum (m)	رم

café (m)	qahwa (f)	قهوة
café (m) noir	qahwa sāda (f)	قهوة سادة
café (m) au lait	qahwa bil ḥalīb (f)	قهوة بالحليب
cappuccino (m)	kaputʃīnu (m)	كابتشينو
café (m) soluble	niskafi (m)	نيسكافيه

lait (m)	ḥalīb (m)	حليب
cocktail (m)	kuktayl (m)	كوكتيل
cocktail (m) au lait	milk ʃiyk (m)	ميلك شيك

| jus (m) | 'aṣīr (m) | عصير |
| jus (m) de tomate | 'aṣīr ṭamāṭim (m) | عصير طماطم |

jus (m) d'orange	'aṣīr burtuqāl (m)	عصير برتقال
jus (m) pressé	'aṣīr ṭāziჳ (m)	عصير طازج
bière (f)	bīra (f)	بيرة
bière (f) blonde	bīra χafīfa (f)	بيرة خفيفة
bière (f) brune	bīra ɣāmiqa (f)	بيرة غامقة
thé (m)	ʃāy (m)	شاي
thé (m) noir	ʃāy aswad (m)	شاي أسود
thé (m) vert	ʃāy aχḍar (m)	شاي أخضر

54. Les légumes

légumes (m pl)	χuḍār (pl)	خضار
verdure (f)	χuḍrawāt waraqiyya (pl)	خضروات ورقيّة
tomate (f)	ṭamāṭim (f)	طماطم
concombre (m)	χiyār (m)	خيار
carotte (f)	ჳazar (m)	جزر
pomme (f) de terre	baṭāṭis (f)	بطاطس
oignon (m)	baṣal (m)	بصل
ail (m)	θūm (m)	ثوم
chou (m)	kurumb (m)	كرنب
chou-fleur (m)	qarnabīṭ (m)	قرنبيط
chou (m) de Bruxelles	kurumb brūksil (m)	كرنب بروكسل
brocoli (m)	brukuli (m)	بركولي
betterave (f)	banჳar (m)	بنجر
aubergine (f)	bātinჳān (m)	باذنجان
courgette (f)	kūsa (f)	كوسة
potiron (m)	qar' (m)	قرع
navet (m)	lift (m)	لفت
persil (m)	baqdūnis (m)	بقدونس
fenouil (m)	ʃabat (m)	شبت
laitue (f) (salade)	χass (m)	خسّ
céleri (m)	karafs (m)	كرفس
asperge (f)	halyūn (m)	هليون
épinard (m)	sabāniχ (m)	سبانخ
pois (m)	bisilla (f)	بسلّة
fèves (f pl)	fūl (m)	فول
maïs (m)	ðura (f)	ذرّة
haricot (m)	faṣūliya (f)	فاصوليا
poivron (m)	filfil (m)	فلفل
radis (m)	fiჳl (m)	فجل
artichaut (m)	χurʃūf (m)	خرشوف

55. Les fruits. Les noix

fruit (m)	fākiha (f)	فاكهة
pomme (f)	tuffāḥa (f)	تفّاحة

poire (f)	kummaθra (f)	كمّثرى
citron (m)	laymūn (m)	ليمون
orange (f)	burtuqāl (m)	برتقال
fraise (f)	farawla (f)	فراولة
mandarine (f)	yūsufiy (m)	يوسفي
prune (f)	barqūq (m)	برقوق
pêche (f)	durrāq (m)	دراق
abricot (m)	miʃmiʃ (f)	مشمش
framboise (f)	tūt al ʿullayq al aḥmar (m)	توت العليق الأحمر
ananas (m)	ananās (m)	أناناس
banane (f)	mawz (m)	موز
pastèque (f)	baṭṭīχ aḥmar (m)	بطيخ أحمر
raisin (m)	ʿinab (m)	عنب
merise (f), cerise (f)	karaz (m)	كرز
melon (m)	baṭṭīχ aṣfar (f)	بطيخ أصفر
pamplemousse (m)	zinbāʿ (m)	زنباع
avocat (m)	avukādu (f)	افوكاتو
papaye (f)	babāya (m)	بابايا
mangue (f)	mangu (m)	مانجو
grenade (f)	rummān (m)	رمان
groseille (f) rouge	kiʃmiʃ aḥmar (m)	كشمش أحمر
cassis (m)	ʿinab aθ θaʿlab al aswad (m)	عنب الثعلب الأسود
groseille (f) verte	ʿinab aθ θaʿlab (m)	عنب الثعلب
myrtille (f)	ʿinab al aḥrāʒ (m)	عنب الأحراج
mûre (f)	θamar al ʿullayk (m)	ثمر العليق
raisin (m) sec	zabīb (m)	زبيب
figue (f)	tīn (m)	تين
datte (f)	tamr (m)	تمر
cacahuète (f)	fūl sudāniy (m)	فول سوداني
amande (f)	lawz (m)	لوز
noix (f)	ʿayn al ʒamal (f)	عين الجمل
noisette (f)	bunduq (m)	بندق
noix (f) de coco	ʒawz al hind (m)	جوز هند
pistaches (f pl)	fustuq (m)	فستق

56. Le pain. Les confiseries

confiserie (f)	ḥalawiyyāt (pl)	حلويات
pain (m)	χubz (m)	خبز
biscuit (m)	baskawīt (m)	بسكويت
chocolat (m)	ʃukulāta (f)	شكولاتة
en chocolat (adj)	biʃ ʃukulāṭa	بالشكولاتة
bonbon (m)	bumbūn (m)	بونبون
gâteau (m), pâtisserie (f)	kaʿk (m)	كعك
tarte (f)	tūrta (f)	تورتة
gâteau (m)	faṭīra (f)	فطيرة
garniture (f)	ḥaʃwa (f)	حشوة

confiture (f)	murabba (m)	مربّى
marmelade (f)	marmalād (f)	مرملاد
gaufre (f)	wāfil (m)	وافل
glace (f)	muθallaʒāt (pl)	مثلّجات
pudding (m)	būding (m)	بودنج

57. Les épices

sel (m)	milḥ (m)	ملح
salé (adj)	māliḥ	مالح
saler (vt)	mallaḥ	ملّح
poivre (m) noir	filfil aswad (m)	فلفل أسود
poivre (m) rouge	filfil aḥmar (m)	فلفل أحمر
moutarde (f)	ṣalṣat al xardal (f)	صلصة الخردل
raifort (m)	fiʒl ḥārr (m)	فجل حارّ
condiment (m)	tābil (m)	تابل
épice (f)	bahār (m)	بهار
sauce (f)	ṣalṣa (f)	صلصة
vinaigre (m)	xall (m)	خلّ
anis (m)	yānsūn (m)	يانسون
basilic (m)	rīḥān (m)	ريحان
clou (m) de girofle	qurumful (m)	قرنفل
gingembre (m)	zanʒabīl (m)	زنجبيل
coriandre (m)	kuzbara (f)	كزبرة
cannelle (f)	qirfa (f)	قرفة
sésame (m)	simsim (m)	سمسم
feuille (f) de laurier	awrāq al ɣār (pl)	أوراق الغار
paprika (m)	babrika (f)	بابريكا
cumin (m)	karāwiya (f)	كراوية
safran (m)	za'farān (m)	زعفران

LES DONNÉES PERSONNELLES. LA FAMILLE

58. Les données personnelles. Les formulaires

prénom (m)	ism (m)	إسم
nom (m) de famille	ism al 'ā'ila (m)	إسم العائلة
date (f) de naissance	tarīχ al mīlād (m)	تاريخ الميلاد
lieu (m) de naissance	makān al mīlād (m)	مكان الميلاد
nationalité (f)	ʒinsiyya (f)	جنسية
domicile (m)	maqarr al iqāma (m)	مقر الإقامة
pays (m)	balad (m)	بلد
profession (f)	mihna (f)	مهنة
sexe (m)	ʒins (m)	جنس
taille (f)	ṭūl (m)	طول
poids (m)	wazn (m)	وزن

59. La famille. Les liens de parenté

mère (f)	umm (f)	أمّ
père (m)	ab (m)	أب
fils (m)	ibn (m)	إبن
fille (f)	ibna (f)	إبنة
fille (f) cadette	al ibna aṣ ṣaɣīra (f)	الإبنة الصغيرة
fils (m) cadet	al ibn aṣ ṣaɣīr (m)	الابن الصغير
fille (f) aînée	al ibna al kabīra (f)	الإبنة الكبيرة
fils (m) aîné	al ibn al kabīr (m)	الإبن الكبير
frère (m)	aχ (m)	أخ
frère (m) aîné	al aχ al kabīr (m)	الأخ الكبير
frère (m) cadet	al aχ aṣ ṣaɣīr (m)	الأخ الصغير
sœur (f)	uχt (f)	أخت
sœur (f) aînée	al uχt al kabīra (f)	الأخت الكبيرة
sœur (f) cadette	al uχt aṣ ṣaɣīra (f)	الأخت الصغيرة
cousin (m)	ibn 'amm (m), ibn χāl (m)	إبن عمّ, إبن خال
cousine (f)	ibnat 'amm (f), ibnat χāl (f)	إبنة عم, إبنة خال
maman (f)	mama (f)	ماما
papa (m)	baba (m)	بابا
parents (m pl)	wālidān (du)	والدان
enfant (m, f)	ṭifl (m)	طفل
enfants (pl)	aṭfāl (pl)	أطفال
grand-mère (f)	ʒidda (f)	جدّة
grand-père (m)	ʒadd (m)	جدّ
petit-fils (m)	ḥafīd (m)	حفيد

petite-fille (f)	ḥafīda (f)	حفيدة
petits-enfants (pl)	aḥfād (pl)	أحفاد
oncle (m)	ʿamm (m), χāl (m)	عمّ، خال
tante (f)	ʿamma (f), χāla (f)	عمّة، خالة
neveu (m)	ibn al aχ (m), ibn al uχt (m)	إبن الأخ، إبن الأخت
nièce (f)	ibnat al aχ (f), ibnat al uχt (f)	إبنة الأخ، إبنة الأخت
belle-mère (f)	ḥamātt (f)	حماة
beau-père (m)	ḥamm (m)	حم
gendre (m)	zawʒ al ibna (m)	زوج الأبنة
belle-mère (f)	zawʒat al ab (f)	زوجة الأب
beau-père (m)	zawʒ al umm (m)	زوج الأمّ
nourrisson (m)	ṭifl raḍīʿ (m)	طفل رضيع
bébé (m)	mawlūd (m)	مولود
petit (m)	walad ṣaɣīr (m)	ولد صغير
femme (f)	zawʒa (f)	زوجة
mari (m)	zawʒ (m)	زوج
époux (m)	zawʒ (m)	زوج
épouse (f)	zawʒa (f)	زوجة
marié (adj)	mutazawwiʒ	متزوّج
mariée (adj)	mutazawwiʒa	متزوّجة
célibataire (adj)	aʿzab	أعزب
célibataire (m)	aʿzab	أعزب
divorcé (adj)	muṭallaq (m)	مطلّق
veuve (f)	armala (f)	أرملة
veuf (m)	armal (m)	أرمل
parent (m)	qarīb (m)	قريب
parent (m) proche	nasīb qarīb (m)	نسيب قريب
parent (m) éloigné	nasīb baʿīd (m)	نسيب بعيد
parents (m pl)	aqārib (pl)	أقارب
orphelin (m), orpheline (f)	yatīm (m)	يتيم
tuteur (m)	waliyy amr (m)	وليّ أمر
adopter (un garçon)	tabanna	تبنّى
adopter (une fille)	tabanna	تبنّى

60. Les amis. Les collègues

ami (m)	ṣadīq (m)	صديق
amie (f)	ṣadīqa (f)	صديقة
amitié (f)	ṣadāqa (f)	صداقة
être ami	ṣādaq	صادق
copain (m)	ṣāḥib (m)	صاحب
copine (f)	ṣaḥiba (f)	صاحبة
partenaire (m)	rafīq (m)	رفيق
chef (m)	raʾīs (m)	رئيس
supérieur (m)	raʾīs (m)	رئيس
propriétaire (m)	ṣāḥib (m)	صاحب

subordonné (m)	tābiʻ (m)	تابع
collègue (m, f)	zamīl (m)	زميل
connaissance (f)	maʻruf (m)	معروف
compagnon (m) de route	rafīq safar (m)	رفيق سفر
copain (m) de classe	zamīl fiṣ ṣaff (m)	زميل في الصفّ
voisin (m)	ʒār (m)	جار
voisine (f)	ʒāra (f)	جارة
voisins (m pl)	ʒirān (pl)	جيران

LE CORPS HUMAIN. LES MÉDICAMENTS

61. La tête

tête (f)	ra's (m)	رأس
visage (m)	waʒh (m)	وجه
nez (m)	anf (m)	أنف
bouche (f)	fam (m)	فم
œil (m)	ʿayn (f)	عين
les yeux	ʿuyūn (pl)	عيون
pupille (f)	ħadaqa (f)	حدقة
sourcil (m)	ħāʒib (m)	حاجب
cil (m)	rimʃ (m)	رمش
paupière (f)	ʒafn (m)	جفن
langue (f)	lisān (m)	لسان
dent (f)	sinn (f)	سنّ
lèvres (f pl)	ʃifāh (pl)	شفاه
pommettes (f pl)	ʿizām waʒhiyya (pl)	عظام وجهيّة
gencive (f)	liθθa (f)	لثّة
palais (m)	ħanak (m)	حنك
narines (f pl)	minxarān (du)	منخران
menton (m)	ðaqan (m)	ذقن
mâchoire (f)	fakk (m)	فكّ
joue (f)	xadd (m)	خدّ
front (m)	ʒabha (f)	جبهة
tempe (f)	ṣudɣ (m)	صدغ
oreille (f)	uðun (f)	أذن
nuque (f)	qafa (m)	قفا
cou (m)	raqaba (f)	رقبة
gorge (f)	ħalq (m)	حلق
cheveux (m pl)	ʃaʿr (m)	شعر
coiffure (f)	tasrīħa (f)	تسريحة
coupe (f)	tasrīħa (f)	تسريحة
perruque (f)	barūka (f)	باروكة
moustache (f)	ʃawārib (pl)	شوارب
barbe (f)	liħya (f)	لحية
porter (~ la barbe)	ʿindahu	عنده
tresse (f)	difīra (f)	ضفيرة
favoris (m pl)	sawālif (pl)	سوالف
roux (adj)	aħmar aʃ ʃaʿr	أحمر الشعر
gris, grisonnant (adj)	abyaḍ	أبيض
chauve (adj)	aṣlaʿ	أصلع
calvitie (f)	ṣalaʿ (m)	صلع

queue (f) de cheval	ðayl ḥiṣān (m)	ذيل حصان
frange (f)	quṣṣa (f)	قصّة

62. Le corps humain

main (f)	yad (m)	يد
bras (m)	ðirā' (f)	ذراع
doigt (m)	iṣba' (m)	إصبع
orteil (m)	iṣba' al qadam (m)	إصبع القدم
pouce (m)	ibhām (m)	إبهام
petit doigt (m)	χunṣur (m)	خنصر
ongle (m)	ẓufr (m)	ظفر
poing (m)	qabḍa (f)	قبضة
paume (f)	kaff (f)	كفّ
poignet (m)	mi'ṣam (m)	معصم
avant-bras (m)	sā'id (m)	ساعد
coude (m)	mirfaq (m)	مرفق
épaule (f)	katf (f)	كتف
jambe (f)	riʒl (f)	رجل
pied (m)	qadam (f)	قدم
genou (m)	rukba (f)	ركبة
mollet (m)	sammāna (f)	سمّانة
hanche (f)	faχð (f)	فخذ
talon (m)	'aqb (m)	عقب
corps (m)	ʒism (m)	جسم
ventre (m)	baṭn (m)	بطن
poitrine (f)	ṣadr (m)	صدر
sein (m)	θady (m)	ثدي
côté (m)	ʒamb (m)	جنب
dos (m)	ẓahr (m)	ظهر
reins (région lombaire)	asfal aẓ ẓahr (m)	أسفل الظهر
taille (f) (~ de guêpe)	χaṣr (m)	خصر
nombril (m)	surra (f)	سرّة
fesses (f pl)	ardāf (pl)	أرداف
derrière (m)	dubr (m)	دبر
grain (m) de beauté	ʃāma (f)	شامة
tache (f) de vin	waḥma	وحمة
tatouage (m)	waʃm (m)	وشم
cicatrice (f)	nadba (f)	ندبة

63. Les maladies

maladie (f)	maraḍ (m)	مرض
être malade	maraḍ	مرض
santé (f)	ṣiḥḥa (f)	صحّة
rhume (m) (coryza)	zukām (m)	زكام

angine (f)	iltihāb al lawzatayn (m)	التهاب اللوزتين
refroidissement (m)	bard (m)	برد
prendre froid	aṣābahu al bard	أصابه البرد
bronchite (f)	iltihāb al qaṣabāt (m)	إلتهاب القصبات
pneumonie (f)	iltihāb ar ri'atayn (m)	إلتهاب الرئتين
grippe (f)	inflūnza (f)	إنفلونزا
myope (adj)	qaṣīr an naẓar	قصير النظر
presbyte (adj)	ba'īd an naẓar	بعيد النظر
strabisme (m)	ḥawal (m)	حول
strabique (adj)	aḥwal	أحول
cataracte (f)	katarakt (f)	كاتاراكت
glaucome (m)	glawkūma (f)	جلوكوما
insulte (f)	sakta (f)	سكتة
crise (f) cardiaque	iḥtiʃāʼ (m)	إحتشاء
infarctus (m) de myocarde	nawba qalbiya (f)	نوبة قلبية
paralysie (f)	ʃalal (m)	شلل
paralyser (vt)	ʃall	شلّ
allergie (f)	ḥassāsiyya (f)	حسّاسيّة
asthme (m)	rabw (m)	ربو
diabète (m)	ad dāʼ as sukkariy (m)	الداء السكّريَ
mal (m) de dents	alam al asnān (m)	ألم الأسنان
carie (f)	naxar al asnān (m)	نخر الأسنان
diarrhée (f)	ishāl (m)	إسهال
constipation (f)	imsāk (m)	إمساك
estomac (m) barbouillé	'usr al haḍm (m)	عسر الهضم
intoxication (f) alimentaire	tasammum (m)	تسمّم
être intoxiqué	tasammam	تسمّم
arthrite (f)	iltihāb al mafāṣil (m)	إلتهاب المفاصل
rachitisme (m)	kusāḥ al aṭfāl (m)	كساح الأطفال
rhumatisme (m)	riumatizm (m)	روماتزم
athérosclérose (f)	taṣṣallub aʃ ʃarayīn (m)	تصلّب الشرايين
gastrite (f)	iltihāb al ma'ida (m)	إلتهاب المعدة
appendicite (f)	iltihāb az zā'ida ad dūdiyya (m)	إلتهاب الزائدة الدوديّة
cholécystite (f)	iltihāb al marāra (m)	إلتهاب المرارة
ulcère (m)	qurḥa (f)	قرحة
rougeole (f)	maraḍ al ḥaṣba (m)	مرض الحصبة
rubéole (f)	ḥaṣba almāniyya (f)	حصبة ألمانية
jaunisse (f)	yaraqān (m)	يرقان
hépatite (f)	iltihāb al kabd al vayrūsiy (m)	إلتهاب الكبد الفيروسيَ
schizophrénie (f)	ʃizufrīniya (f)	شيزوفرينيا
rage (f) (hydrophobie)	dāʼ al kalb (m)	داء الكلب
névrose (f)	'iṣāb (m)	عصاب
commotion (f) cérébrale	irtiʒāʒ al muxx (m)	إرتجاج المخ
cancer (m)	saraṭān (m)	سرطان
sclérose (f)	taṣṣallub (m)	تصلّب

sclérose (f) en plaques	taṣṣallub mutaʿaddid (m)	تصلّب متعدد
alcoolisme (m)	idmān al xamr (m)	إدمان الخمر
alcoolique (m)	mudmin al xamr (m)	مدمن الخمر
syphilis (f)	sifilis az zuhariy (m)	سفلس الزهري
SIDA (m)	al aydz (m)	الايدز
tumeur (f)	waram (m)	ورم
maligne (adj)	xabīθ	خبيث
bénigne (adj)	ḥamīd (m)	حميد
fièvre (f)	ḥumma (f)	حمّى
malaria (f)	malāriya (f)	ملاريا
gangrène (f)	ɣanɣrīna (f)	غنغرينا
mal (m) de mer	duwār al baḥr (m)	دوار البحر
épilepsie (f)	maraḍ aṣ ṣarʿ (m)	مرض الصرع
épidémie (f)	wabāʾ (m)	وباء
typhus (m)	tīfus (m)	تيفوس
tuberculose (f)	maraḍ as sull (m)	مرض السلّ
choléra (m)	kulīra (f)	كوليرا
peste (f)	ṭāʿūn (m)	طاعون

64. Les symptômes. Le traitement. Partie 1

symptôme (m)	ʿaraḍ (m)	عرض
température (f)	ḥarāra (f)	حرارة
fièvre (f)	ḥumma (f)	حمّى
pouls (m)	nabḍ (m)	نبض
vertige (m)	dawxa (f)	دوخة
chaud (adj)	ḥārr	حارّ
frisson (m)	nafaḍān (m)	نفضان
pâle (adj)	aṣfar	أصفر
toux (f)	suʿāl (m)	سعال
tousser (vi)	saʿal	سعل
éternuer (vi)	ʿaṭas	عطس
évanouissement (m)	iɣmāʾ (m)	إغماء
s'évanouir (vp)	ɣumiya ʿalayh	غمي عليه
bleu (m)	kadma (f)	كدمة
bosse (f)	tawarrum (m)	تورّم
se heurter (vp)	iṣṭadam	إصطدم
meurtrissure (f)	raḍḍ (m)	رضّ
se faire mal	taraḍḍaḍ	ترضّض
boiter (vi)	ʿaraʒ	عرج
foulure (f)	xalʿ (m)	خلع
se démettre (l'épaule, etc.)	xalaʿ	خلع
fracture (f)	kasr (m)	كسر
avoir une fracture	inkasar	إنكسر
coupure (f)	ʒurḥ (m)	جرح
se couper (~ le doigt)	ʒaraḥ nafsah	جرح نفسه

hémorragie (f)	nazf (m)	نزف
brûlure (f)	ḥarq (m)	حرق
se brûler (vp)	taʃayyat	تشيّط
se piquer (le doigt)	waxaz	وخز
se piquer (vp)	waxaz nafsah	وخز نفسه
blesser (vt)	aṣāb	أصاب
blessure (f)	iṣāba (f)	إصابة
plaie (f) (blessure)	ʒurḥ (m)	جرح
trauma (m)	ṣadma (f)	صدمة
délirer (vi)	haða	هذى
bégayer (vi)	talaʿsam	تلعثم
insolation (f)	ḍarbat ʃams (f)	ضربة شمس

65. Les symptômes. Le traitement. Partie 2

douleur (f)	alam (m)	ألم
écharde (f)	ʃaẓiyya (f)	شظيّة
sueur (f)	ʿirq (m)	عرق
suer (vi)	ʿariq	عرق
vomissement (m)	taqayyuʿ (m)	تقيؤ
spasmes (m pl)	taʃannuʒāt (pl)	تشنجات
enceinte (adj)	ḥāmil	حامل
naître (vi)	wulid	وُلد
accouchement (m)	wilāda (f)	ولادة
accoucher (vi)	walad	ولد
avortement (m)	iʒhāḍ (m)	إجهاض
respiration (f)	tanaffus (m)	تنفّس
inhalation (f)	istinʃāq (m)	إستنشاق
expiration (f)	zafīr (m)	زفير
expirer (vi)	zafar	زفر
inspirer (vi)	istanʃaq	إستنشق
invalide (m)	muʿāq (m)	معاق
handicapé (m)	muqʿad (m)	مقعد
drogué (m)	mudmin muxaddirāt (m)	مدمن مخدّرات
sourd (adj)	aṭraʃ	أطرش
muet (adj)	axras	أخرس
sourd-muet (adj)	aṭraʃ axras	أطرش أخرس
fou (adj)	maʒnūn (m)	مجنون
fou (m)	maʒnūn (m)	مجنون
folle (f)	maʒnūna (f)	مجنونة
devenir fou	ʒunn	جنّ
gène (m)	ʒīn (m)	جين
immunité (f)	manāʿa (f)	مناعة
héréditaire (adj)	wirāθiy	وراثيّ
congénital (adj)	xilqiy munð al wilāda	خلقيّ منذ الولادة

virus (m)	virūs (m)	فيروس
microbe (m)	mikrūb (m)	ميكروب
bactérie (f)	ʒurθūma (f)	جرثومة
infection (f)	'adwa (f)	عدوى

66. Les symptômes. Le traitement. Partie 3

hôpital (m)	mustaʃfa (m)	مستشفى
patient (m)	marīḍ (m)	مريض
diagnostic (m)	taʃxīṣ (m)	تشخيص
cure (f) (faire une ~)	'ilāʒ (m)	علاج
traitement (m)	'ilāʒ (m)	علاج
se faire soigner	ta'ālaʒ	تعالج
traiter (un patient)	'ālaʒ	عالج
soigner (un malade)	marraḍ	مرّض
soins (m pl)	'ināya (f)	عناية
opération (f)	'amaliyya ʒaraḥiyya (f)	عمليّة جرحيّة
panser (vt)	ḍammad	ضمّد
pansement (m)	taḍmīd (m)	تضميد
vaccination (f)	talqīḥ (m)	تلقيح
vacciner (vt)	laqqaḥ	لقّح
piqûre (f)	ḥuqna (f)	حقنة
faire une piqûre	ḥaqan ibra	حقن إبرة
crise, attaque (f)	nawba (f)	نوبة
amputation (f)	batr (m)	بتر
amputer (vt)	batar	بتر
coma (m)	yaybūba (f)	غيبوبة
être dans le coma	kān fi ḥālat yaybūba	كان في حالة غيبوبة
réanimation (f)	al 'ināya al murakkaza (f)	العناية المركّزة
se rétablir (vp)	ʃufiy	شفي
état (m) (de santé)	ḥāla (f)	حالة
conscience (f)	wa'y (m)	وعي
mémoire (f)	ðākira (f)	ذاكرة
arracher (une dent)	xala'	خلع
plombage (m)	ḥaʃw (m)	حشو
plomber (vt)	ḥaʃa	حشا
hypnose (f)	at tanwīm al maynaṭīsiy (m)	التنويم المغناطيسيّ
hypnotiser (vt)	nawwam	نوّم

67. Les médicaments. Les accessoires

médicament (m)	dawā' (m)	دواء
remède (m)	'ilāʒ (m)	علاج
prescrire (vt)	waṣaf	وصف
ordonnance (f)	waṣfa (f)	وصفة

comprimé (m)	qurṣ (m)	قرص
onguent (m)	marham (m)	مرهم
ampoule (f)	ambūla (f)	أمبولة
mixture (f)	dawā' ʃarāb (m)	دواء شراب
sirop (m)	ʃarāb (m)	شراب
pilule (f)	ḥabba (f)	حبّة
poudre (f)	ðarūr (m)	ذرور
bande (f)	ḍammāda (f)	ضمادة
coton (m) (ouate)	quṭn (m)	قطن
iode (m)	yūd (m)	يود
sparadrap (m)	blāstir (m)	بلاستر
compte-gouttes (m)	māṣṣat al bastara (f)	ماصّة البسترة
thermomètre (m)	tirmūmitr (m)	ترمومتر
seringue (f)	miḥqana (f)	محقنة
fauteuil (m) roulant	kursiy mutaḥarrik (m)	كرسي متحرّك
béquilles (f pl)	'ukkāzān (du)	عكّازان
anesthésique (m)	musakkin (m)	مسكّن
purgatif (m)	mulayyin (m)	ملين
alcool (m)	iθanūl (m)	إيثانول
herbe (f) médicinale	a'ʃāb ṭibbiyya (pl)	أعشاب طبية
d'herbes (adj)	'uʃbiy	عشبي

L'APPARTEMENT

68. L'appartement

appartement (m)	ʃaqqa (f)	شقّة
chambre (f)	ɣurfa (f)	غرفة
chambre (f) à coucher	ɣurfat an nawm (f)	غرفة النوم
salle (f) à manger	ɣurfat il akl (f)	غرفة الأكل
salon (m)	ṣālat al istiqbāl (f)	صالة الإستقبال
bureau (m)	maktab (m)	مكتب
antichambre (f)	madχal (m)	مدخل
salle (f) de bains	ḥammām (m)	حمّام
toilettes (f pl)	ḥammām (m)	حمّام
plafond (m)	saqf (m)	سقف
plancher (m)	arḍ (f)	أرض
coin (m)	zāwiya (f)	زاوية

69. Les meubles. L'intérieur

meubles (m pl)	aθāθ (m)	أثاث
table (f)	maktab (m)	مكتب
chaise (f)	kursiy (m)	كرسيّ
lit (m)	sarīr (m)	سرير
canapé (m)	kanaba (f)	كنبة
fauteuil (m)	kursiy (m)	كرسيّ
bibliothèque (f) (meuble)	χizānat kutub (f)	خزانة كتب
rayon (m)	raff (m)	رفّ
armoire (f)	dūlāb (m)	دولاب
patère (f)	ʃammāʿa (f)	شمّاعة
portemanteau (m)	ʃammāʿa (f)	شمّاعة
commode (f)	dulāb adrāʒ (m)	دولاب أدراج
table (f) basse	ṭāwilat al qahwa (f)	طاولة القهوة
miroir (m)	mir'āt (f)	مرآة
tapis (m)	siʒāda (f)	سجادة
petit tapis (m)	siʒāda (f)	سجادة
cheminée (f)	midfa'a ḥā'iṭiyya (f)	مدفأة حائطيّة
bougie (f)	ʃamʿa (f)	شمعة
chandelier (m)	ʃamʿadān (m)	شمعدان
rideaux (m pl)	satā'ir (pl)	ستائر
papier (m) peint	waraq ḥīṭān (m)	ورق حيطان

jalousie (f)	haṣīrat ʃubbāk (f)	حصيرة شبّاك
lampe (f) de table	miṣbāḥ aṭ ṭāwila (m)	مصباح الطاولة
applique (f)	miṣbāḥ al ḥā'iṭ (f)	مصباح الحائط
lampadaire (m)	miṣbāḥ arḍiy (m)	مصباح أرضيّ
lustre (m)	naʒafa (f)	نجفة
pied (m) (~ de la table)	riʒl (f)	رجل
accoudoir (m)	masnad (m)	مسند
dossier (m)	masnad (m)	مسند
tiroir (m)	durʒ (m)	درج

70. La literie

linge (m) de lit	bayāḍāt as sarīr (pl)	بياضات السرير
oreiller (m)	wisāda (f)	وسادة
taie (f) d'oreiller	kīs al wisāda (m)	كيس الوسادة
couverture (f)	baṭṭāniyya (f)	بطّانيّة
drap (m)	milāya (f)	ملاية
couvre-lit (m)	ɣiṭā' as sarīr (m)	غطاء السرير

71. La cuisine

cuisine (f)	maṭbaχ (m)	مطبخ
gaz (m)	ɣāz (m)	غاز
cuisinière (f) à gaz	butuɣāz (m)	بوتوغاز
cuisinière (f) électrique	furn kaharabā'iy (m)	فرن كهربائيّ
four (m)	furn (m)	فرن
four (m) micro-ondes	furn al mikruwayv (m)	فرن الميكروويف
réfrigérateur (m)	θallāʒa (f)	ثلاجة
congélateur (m)	frīzir (m)	فريزير
lave-vaisselle (m)	ɣassāla (f)	غسّالة
hachoir (m) à viande	farrāmat laḥm (f)	فرّامة لحم
centrifugeuse (f)	'aṣṣāra (f)	عصّارة
grille-pain (m)	maḥmaṣat χubz (f)	محمصة خبز
batteur (m)	χallāṭ (m)	خلّاط
machine (f) à café	mākinat ṣan' al qahwa (f)	ماكينة صنع القهوة
cafetière (f)	kanaka (f)	كنكة
moulin (m) à café	maṭḥanat qahwa (f)	مطحنة قهوة
bouilloire (f)	barrād (m)	برّاد
théière (f)	barrād aʃ ʃāy (m)	برّاد الشاي
couvercle (m)	ɣiṭā' (m)	غطاء
passoire (f) à thé	miṣfāt (f)	مصفاة
cuillère (f)	mil'aqa (f)	ملعقة
petite cuillère (f)	mil'aqat ʃāy (f)	ملعقة شاي
cuillère (f) à soupe	mil'aqa kabīra (f)	ملعقة كبيرة
fourchette (f)	ʃawka (f)	شوكة
couteau (m)	sikkīn (m)	سكّين

vaisselle (f)	ṣuḥūn (pl)	صحون
assiette (f)	ṭabaq (m)	طبق
soucoupe (f)	ṭabaq finӡān (m)	طبق فنجان
verre (m) à shot	ka's (f)	كأس
verre (m) (~ d'eau)	kubbāya (f)	كبّاية
tasse (f)	finӡān (m)	فنجان
sucrier (m)	sukkariyya (f)	سكّريّة
salière (f)	mamlaḥa (f)	مملحة
poivrière (f)	mabhara (f)	مبهرة
beurrier (m)	ṣuḥn zubda (m)	صحن زبدة
casserole (f)	kassirūlla (f)	كاسرولة
poêle (f)	ṭāsa (f)	طاسة
louche (f)	miɣrafa (f)	مغرفة
passoire (f)	miṣfāt (f)	مصفاة
plateau (m)	ṣīniyya (f)	صينيّة
bouteille (f)	zuӡāӡa (f)	زجاجة
bocal (m) (à conserves)	barṭamān (m)	برطمان
boîte (f) en fer-blanc	tanaka (f)	تنكة
ouvre-bouteille (m)	fattāḥa (f)	فتّاحة
ouvre-boîte (m)	fattāḥa (f)	فتّاحة
tire-bouchon (m)	barrīma (f)	بريمة
filtre (m)	filtir (m)	فلتر
filtrer (vt)	ṣaffa	صفّى
ordures (f pl)	zubāla (f)	زبالة
poubelle (f)	ṣundūq az zubāla (m)	صندوق الزبالة

72. La salle de bains

salle (f) de bains	ḥammām (m)	حمّام
eau (f)	mā' (m)	ماء
robinet (m)	ḥanafiyya (f)	حنفيّة
eau (f) chaude	mā' sāχin (m)	ماء ساخن
eau (f) froide	mā' bārid (m)	ماء بارد
dentifrice (m)	maʿӡūn asnān (m)	معجون أسنان
se brosser les dents	naẓẓaf al asnān	نظّف الأسنان
brosse (f) à dents	furʃat asnān (f)	فرشة أسنان
se raser (vp)	ḥalaq	حلق
mousse (f) à raser	raɣwa lil ḥilāqa (f)	رغوة للحلاقة
rasoir (m)	mūs ḥilāqa (m)	موس حلاقة
laver (vt)	ɣasal	غسل
se laver (vp)	istaḥamm	إستحمّ
douche (f)	dūʃ (m)	دوش
prendre une douche	aχað ad duʃ	أخذ الدش
baignoire (f)	ḥawḍ istiḥmām (m)	حوض استحمام
cuvette (f)	mirḥāḍ (m)	مرحاض

lavabo (m)	ḥawḍ (m)	حوض
savon (m)	ṣābūn (m)	صابون
porte-savon (m)	ṣabbāna (f)	صبّانة
éponge (f)	līfa (f)	ليفة
shampooing (m)	ʃāmbū (m)	شامبو
serviette (f)	fūṭa (f)	فوطة
peignoir (m) de bain	θawb ḥammām (m)	ثوب حمّام
lessive (f) (faire la ~)	ɣasīl (m)	غسيل
machine (f) à laver	ɣassāla (f)	غسّالة
faire la lessive	ɣasal al malābis	غسل الملابس
lessive (f) (poudre)	mashūq ɣasīl (m)	مسحوق غسيل

73. Les appareils électroménagers

téléviseur (m)	tilivizyūn (m)	تليفزيون
magnétophone (m)	ʒihāz tasʒīl (m)	جهاز تسجيل
magnétoscope (m)	ʒihāz tasʒīl vidiyu (m)	جهاز تسجيل فيديو
radio (f)	ʒihāz radiyu (m)	جهاز راديو
lecteur (m)	blayir (m)	بلبير
vidéoprojecteur (m)	ʿāriḍ vidiyu (m)	عارض فيديو
home cinéma (m)	sinima manziliyya (f)	سينما منزليّة
lecteur DVD (m)	di vi di (m)	دي في دي
amplificateur (m)	mukabbir aṣ ṣawt (m)	مكبّر الصوت
console (f) de jeux	ʾatāri (m)	أتاري
caméscope (m)	kamira vidiyu (f)	كاميرا فيديو
appareil (m) photo	kamira (f)	كاميرا
appareil (m) photo numérique	kamira diʒital (f)	كاميرا ديجيتال
aspirateur (m)	miknasa kahrabāʾiyya (f)	مكنسة كهربائيّة
fer (m) à repasser	makwāt (f)	مكواة
planche (f) à repasser	lawḥat kayy (f)	لوحة كيّ
téléphone (m)	hātif (m)	هاتف
portable (m)	hātif maḥmūl (m)	هاتف محمول
machine (f) à écrire	ʾāla katiba (f)	آلة كاتبة
machine (f) à coudre	ʾālat al xiyāṭa (f)	آلة الخياطة
micro (m)	mikrufūn (m)	ميكروفون
écouteurs (m pl)	sammāʿāt raʾsiya (pl)	سمّاعات رأسيّة
télécommande (f)	rimuwt kuntrūl (m)	ريموت كنترول
CD (m)	si di (m)	سي دي
cassette (f)	ʃarīṭ (m)	شريط
disque (m) (vinyle)	usṭuwāna (f)	أسطوانة

LA TERRE. LE TEMPS

74. L'espace cosmique

cosmos (m)	faḍā' (m)	فضاء
cosmique (adj)	faḍā'iy	فضائيّ
espace (m) cosmique	faḍā' (m)	فضاء
monde (m)	'ālam (m)	عالم
univers (m)	al kawn (m)	الكون
galaxie (f)	al maʒarra (f)	المجرّة
étoile (f)	naʒm (m)	نجم
constellation (f)	burʒ (m)	برج
planète (f)	kawkab (m)	كوكب
satellite (m)	qamar ṣinā'iy (m)	قمر صناعيّ
météorite (m)	ḥaʒar nayzakiy (m)	حجر نيزكيّ
comète (f)	muðannab (m)	مذنّب
astéroïde (m)	kuwaykib (m)	كويكب
orbite (f)	madār (m)	مدار
tourner (vi)	dār	دار
atmosphère (f)	al ɣilāf al ʒawwiy (m)	الغلاف الجوّيّ
Soleil (m)	aʃ ʃams (f)	الشمس
système (m) solaire	al maʒmū'a aʃ ʃamsiyya (f)	المجموعة الشمسيّة
éclipse (f) de soleil	kusūf aʃ ʃams (m)	كسوف الشمس
Terre (f)	al arḍ (f)	الأرض
Lune (f)	al qamar (m)	القمر
Mars (m)	al mirrīχ (m)	المرّيخ
Vénus (f)	az zahra (f)	الزهرة
Jupiter (m)	al muʃtari (m)	المشتري
Saturne (m)	zuḥal (m)	زحل
Mercure (m)	'aṭārid (m)	عطارد
Uranus (m)	urānus (m)	اورانوس
Neptune	nibtūn (m)	نبتون
Pluton (m)	blūtu (m)	بلوتو
la Voie Lactée	darb at tabbāna (m)	درب التبّانة
la Grande Ours	ad dubb al akbar (m)	الدبّ الأكبر
la Polaire	naʒm al 'quṭb (m)	نجم القطب
martien (m)	sākin al mirrīχ (m)	ساكن المرّيخ
extraterrestre (m)	faḍā'iy (m)	فضائيّ
alien (m)	faḍā'iy (m)	فضائيّ
soucoupe (f) volante	ṭabaq ṭā'ir (m)	طبق طائر
vaisseau (m) spatial	markaba faḍā'iyya (f)	مركبة فضائيّة

station (f) orbitale	maḥaṭṭat faḍā' (f)	محطّة فضاء
lancement (m)	intilāq (m)	إنطلاق
moteur (m)	mutūr (m)	موتور
tuyère (f)	manfaθ (m)	منفث
carburant (m)	wuqūd (m)	وقود
cabine (f)	kabīna (f)	كابينة
antenne (f)	hawā'iy (m)	هوائيّ
hublot (m)	kuwwa mustadīra (f)	كوّة مستديرة
batterie (f) solaire	lawḥ ʃamsiy (m)	لوح شمسيّ
scaphandre (m)	baðlat al faḍā' (f)	بذلة الفضاء
apesanteur (f)	in'idām al wazn (m)	إنعدام الوزن
oxygène (m)	uksiʒīn (m)	أكسجين
arrimage (m)	rasw (m)	رسو
s'arrimer à …	rasa	رسا
observatoire (m)	marṣad (m)	مرصد
télescope (m)	tiliskūp (m)	تلسكوب
observer (vt)	rāqab	راقب
explorer (un cosmos)	istakʃaf	إستكشف

75. La Terre

Terre (f)	al arḍ (f)	الأرض
globe (m) terrestre	al kura al arḍiyya (f)	الكرة الأرضيّة
planète (f)	kawkab (m)	كوكب
atmosphère (f)	al ɣilāf al ʒawwiy (m)	الغلاف الجويّ
géographie (f)	ʒuɣrāfiya (f)	جغرافيا
nature (f)	ṭabī'a (f)	طبيعة
globe (m) de table	namūðaʒ lil kura al arḍiyya (m)	نموذج للكرة الأرضيّة
carte (f)	χarīṭa (f)	خريطة
atlas (m)	aṭlas (m)	أطلس
Europe (f)	urūbba (f)	أوروبّا
Asie (f)	'āsiya (f)	آسيا
Afrique (f)	afrīqiya (f)	أفريقيا
Australie (f)	usturāliya (f)	أستراليا
Amérique (f)	amrīka (f)	أمريكا
Amérique (f) du Nord	amrīka aʃ ʃimāliyya (f)	أمريكا الشماليّة
Amérique (f) du Sud	amrīka al ʒanūbiyya (f)	أمريكا الجنوبيّة
l'Antarctique (m)	al quṭb al ʒanūbiy (m)	القطب الجنوبيّ
l'Arctique (m)	al quṭb aʃ ʃimāliy (m)	القطب الشماليّ

76. Les quatre parties du monde

nord (m)	ʃimāl (m)	شمال
vers le nord	ilaʃ ʃimāl	إلى الشمال

| au nord | fiʃ ʃimāl | في الشمال |
| du nord (adj) | ʃimāliy | شَماليّ |

sud (m)	ʒanūb (m)	جنوب
vers le sud	ilal ʒanūb	إلى الجنوب
au sud	fil ʒanūb	في الجنوب
du sud (adj)	ʒanūbiy	جَنوبيّ

ouest (m)	ɣarb (m)	غرب
vers l'occident	ilal ɣarb	إلى الغرب
à l'occident	fil ɣarb	في الغرب
occidental (adj)	ɣarbiy	غَربيّ

est (m)	ʃarq (m)	شرق
vers l'orient	ilaʃ ʃarq	إلى الشرق
à l'orient	fiʃ ʃarq	في الشرق
oriental (adj)	ʃarqiy	شَرقيّ

77. Les océans et les mers

mer (f)	baḥr (m)	بحر
océan (m)	muḥīṭ (m)	محيط
golfe (m)	xalīʒ (m)	خليج
détroit (m)	maḍīq (m)	مضيق

terre (f) ferme	barr (m)	بَرّ
continent (m)	qārra (f)	قارّة
île (f)	ʒazīra (f)	جزيرة
presqu'île (f)	ʃibh ʒazīra (f)	شبه جزيرة
archipel (m)	maʒmūʿat ʒuzur (f)	مجموعة جزر

baie (f)	xalīʒ (m)	خليج
port (m)	mīnā' (m)	ميناء
lagune (f)	buḥayra ʃāṭiʾa (f)	بحيرة شاطئة
cap (m)	raʾs (m)	رأس

atoll (m)	ʒazīra marʒāniyya istiwāʾiyya (f)	جزيزة مرجانيّة إستوائيّة
récif (m)	ʃiʿāb (pl)	شعاب
corail (m)	murʒān (m)	مرجان
récif (m) de corail	ʃiʿāb marʒāniyya (pl)	شعاب مرجانيّة

profond (adj)	ʿamīq	عميق
profondeur (f)	ʿumq (m)	عمق
abîme (m)	mahwāt (f)	مهواة
fosse (f) océanique	xandaq (m)	خندق

| courant (m) | tayyār (m) | تيّار |
| baigner (vt) (mer) | aḥāṭ | أحاط |

littoral (m)	sāḥil (m)	ساحل
côte (f)	sāḥil (m)	ساحل
marée (f) haute	madd (m)	مدّ
marée (f) basse	ʒazr (m)	جزر

banc (m) de sable	miyāh ḍaḥla (f)	مياه ضحلة
fond (m)	qā' (m)	قاع
vague (f)	mawʒa (f)	موجة
crête (f) de la vague	qimmat mawʒa (f)	قمّة موجة
mousse (f)	zabad al baḥr (m)	زبد البحر
tempête (f) en mer	'āṣifa (f)	عاصفة
ouragan (m)	i'ṣār (m)	إعصار
tsunami (m)	tsunāmi (m)	تسونامي
calme (m)	hudū' (m)	هدوء
calme (tranquille)	hādi'	هادئ
pôle (m)	quṭb (m)	قطب
polaire (adj)	quṭby	قطبيّ
latitude (f)	'arḍ (m)	عرض
longitude (f)	ṭūl (m)	طول
parallèle (f)	mutawāzi (m)	متواز
équateur (m)	χaṭṭ al istiwā' (m)	خط الإستواء
ciel (m)	samā' (f)	سماء
horizon (m)	ufuq (m)	أفق
air (m)	hawā' (m)	هواء
phare (m)	manāra (f)	منارة
plonger (vi)	ɣāṣ	غاص
sombrer (vi)	ɣariq	غرق
trésor (m)	kunūz (pl)	كنوز

78. Les noms des mers et des océans

océan (m) Atlantique	al muḥīṭ al aṭlasiy (m)	المحيط الأطلسيّ
océan (m) Indien	al muḥīṭ al hindiy (m)	المحيط الهنديّ
océan (m) Pacifique	al muḥīṭ al hādi' (m)	المحيط الهادئ
océan (m) Glacial	al muḥīṭ il mutaʒammid aʃ ʃimāliy (m)	المحيط المتجمّد الشماليّ
mer (f) Noire	al baḥr al aswad (m)	البحر الأسود
mer (f) Rouge	al baḥr al aḥmar (m)	البحر الأحمر
mer (f) Jaune	al baḥr al aṣfar (m)	البحر الأصفر
mer (f) Blanche	al baḥr al abyaḍ (m)	البحر الأبيض
mer (f) Caspienne	baḥr qazwīn (m)	بحر قزوين
mer (f) Morte	al baḥr al mayyit (m)	البحر الميّت
mer (f) Méditerranée	al baḥr al abyaḍ al mutawassiṭ (m)	البحر الأبيض المتوسّط
mer (f) Égée	baḥr 'iʒah (m)	بحر إيجة
mer (f) Adriatique	al baḥr al adriyatīkiy (m)	البحر الأدرياتيكيّ
mer (f) Arabique	baḥr al 'arab (m)	بحر العرب
mer (f) du Japon	baḥr al yabān (m)	بحر اليابان
mer (f) de Béring	baḥr birinʒ (m)	بحر بيرينغ

mer (f) de Chine Méridionale	baḥr aṣ ṣīn al ʒanūbiy (m)	بحر الصين الجنوبيّ
mer (f) de Corail	baḥr al marʒān (m)	بحر المرجان
mer (f) de Tasman	baḥr tasmān (m)	بحر تسمان
mer (f) Caraïbe	al baḥr al karībiy (m)	البحر الكاريبيّ
mer (f) de Barents	baḥr barints (m)	بحر بارينس
mer (f) de Kara	baḥr kara (m)	بحر كارا
mer (f) du Nord	baḥr aʃ ʃimāl (m)	بحر الشمال
mer (f) Baltique	al baḥr al balṭīq (m)	البحر البلطيق
mer (f) de Norvège	baḥr an narwīʒ (m)	بحر النرويج

79. Les montagnes

montagne (f)	ʒabal (m)	جبل
chaîne (f) de montagnes	silsilat ʒibāl (f)	سلسلة جبال
crête (f)	qimam ʒabaliyya (pl)	قمم جبليّة
sommet (m)	qimma (f)	قمّة
pic (m)	qimma (f)	قمّة
pied (m)	asfal (m)	أسفل
pente (f)	munḥadar (m)	منحدر
volcan (m)	burkān (m)	بركان
volcan (m) actif	burkān naʃiṭ (m)	بركان نشط
volcan (m) éteint	burkān xāmid (m)	بركان خامد
éruption (f)	θawrān (m)	ثوران
cratère (m)	fūhat al burkān (f)	فوهة البركان
magma (m)	māxma (f)	ماغما
lave (f)	ḥumam burkāniyya (pl)	حمم بركانيّة
en fusion (lave ~)	munṣahira	منصهرة
canyon (m)	talʿa (m)	تلعة
défilé (m) (gorge)	wādi ḍayyiq (m)	واد ضيّق
crevasse (f)	ʃaqq (m)	شقّ
précipice (m)	hāwiya (f)	هاوية
col (m) de montagne	mamarr ʒabaliy (m)	ممرّ جبليّ
plateau (m)	haḍba (f)	هضبة
rocher (m)	ʒurf (m)	جرف
colline (f)	tall (m)	تلّ
glacier (m)	nahr ʒalīdiy (m)	نهر جليديّ
chute (f) d'eau	ʃallāl (m)	شلّال
geyser (m)	fawwāra ḥārra (m)	فوّارة حارّة
lac (m)	buḥayra (f)	بحيرة
plaine (f)	sahl (m)	سهل
paysage (m)	manẓar ṭabīʿiy (m)	منظر طبيعيّ
écho (m)	ṣada (m)	صدى
alpiniste (m)	mutasalliq al ʒibāl (m)	متسلّق الجبال
varappeur (m)	mutasalliq ṣuxūr (m)	متسلّق صخور

| conquérir (vt) | taɣallab ʿala | تغلّب على |
| ascension (f) | tasalluq (m) | تسلّق |

80. Les noms des chaînes de montagne

Alpes (f pl)	ʒibāl al alb (pl)	جبال الألب
Mont Blanc (m)	mūn blūn (m)	مون بلون
Pyrénées (f pl)	ʒibāl al barānis (pl)	جبال البرانس
Carpates (f pl)	ʒibāl al karbāt (pl)	جبال الكاريات
Monts Oural (m pl)	ʒibāl al ʾūrāl (pl)	جبال الأورال
Caucase (m)	ʒibāl al qawqāz (pl)	جبال القوقاز
Elbrous (m)	ʒabal ilbrūs (m)	جبل إلبروس
Altaï (m)	ʒibāl altāy (pl)	جبال ألتاي
Tian Chan (m)	ʒibāl tian ʃan (pl)	جبال تيان شان
Pamir (m)	ʒibāl bamīr (pl)	جبال بامير
Himalaya (m)	himalāya (pl)	هيمالايا
Everest (m)	ʒabal ivirist (m)	جبل افرست
Andes (f pl)	ʒibāl al andīz (pl)	جبال الأنديز
Kilimandjaro (m)	ʒabal kilimanʒāru (m)	جبل كليمنجارو

81. Les fleuves

rivière (f), fleuve (m)	nahr (m)	نهر
source (f)	ʿayn (m)	عين
lit (m) (d'une rivière)	maʒra an nahr (m)	مجرى النهر
bassin (m)	ḥawḍ (m)	حوض
se jeter dans ...	ṣabb fi ...	صبّ في...
affluent (m)	rāfid (m)	رافد
rive (f)	ḍiffa (f)	ضفة
courant (m)	tayyār (m)	تيّار
en aval	f ittiʒāh maʒra an nahr	في إتجاه مجرى النهر
en amont	ḍidd at tayyār	ضدّ التيّار
inondation (f)	ɣamr (m)	غمر
les grandes crues	fayaḍān (m)	فيضان
déborder (vt)	fāḍ	فاض
inonder (vt)	ɣamar	غمر
bas-fond (m)	miyāh ḍaḥla (f)	مياه ضحلة
rapide (m)	munḥadar an nahr (m)	منحدر النهر
barrage (m)	sadd (m)	سدّ
canal (m)	qanāt (f)	قناة
lac (m) de barrage	xazzān māʾiy (m)	خزّان مائيّ
écluse (f)	hawīs (m)	هويس
plan (m) d'eau	masṭaḥ māʾiy (m)	مسطح مائيّ
marais (m)	mustanqaʿ (m)	مستنقع

fondrière (f)	mustanqa' (m)	مستنقع
tourbillon (m)	dawwāma (f)	دوّامة

ruisseau (m)	ӡadwal mā'iy (m)	جدول مائيّ
potable (adj)	aʃʃurb	الشرب
douce (l'eau ~)	'aðb	عذب

glace (f)	ӡalīd (m)	جليد
être gelé	taӡammad	تجمّد

82. Les noms des fleuves

Seine (f)	nahr as sīn (m)	نهر السين
Loire (f)	nahr al lua:r (m)	نهر اللوار

Tamise (f)	nahr at tīmz (m)	نهر التيمز
Rhin (m)	nahr ar rayn (m)	نهر الراين
Danube (m)	nahr ad danūb (m)	نهر الدانوب

Volga (f)	nahr al vulγa (m)	نهر الفولغا
Don (m)	nahr ad dūn (m)	نهر الدون
Lena (f)	nahr līna (m)	نهر لينا

Huang He (m)	an nahr al aṣfar (m)	النهر الأصفر
Yangzi Jiang (m)	nahr al yanγtsi (m)	نهر اليانغتسي
Mékong (m)	nahr al mikunγ (m)	نهر الميكونغ
Gange (m)	nahr al γānӡ (m)	نهر الغانج

Nil (m)	nahr an nīl (m)	نهر النيل
Congo (m)	nahr al kunγu (m)	نهر الكونغو
Okavango (m)	nahr ukavanӡu (m)	نهر اوكافانجو
Zambèze (m)	nahr az zambizi (m)	نهر الزمبيزي
Limpopo (m)	nahr limbubu (m)	نهر ليمبوبو
Mississippi (m)	nahr al mississibbi (m)	نهر الميسيسيبي

83. La forêt

forêt (f)	γāba (f)	غابة
forestier (adj)	γāba	غابة

fourré (m)	γāba kaθīfa (f)	غابة كثيفة
bosquet (m)	γāba ṣaγīra (f)	غابة صغيرة
clairière (f)	minṭaqa uzīlat minha al aʃӡār (f)	منطقة أزيلت منها الأشجار

broussailles (f pl)	aӡama (f)	أجمة
taillis (m)	ʃuӡayrāt (pl)	شجيرات

sentier (m)	mamarr (m)	ممرّ
ravin (m)	wādi ḍayyiq (m)	واد ضيّق
arbre (m)	ʃaӡara (f)	شجرة
feuille (f)	waraqa (f)	ورقة

feuillage (m)	waraq (m)	ورق
chute (f) de feuilles	tasāquṭ al awrāq (m)	تساقط الأوراق
tomber (feuilles)	saqaṭ	سقط
sommet (m)	ra's (m)	رأس
rameau (m)	ɣuṣn (m)	غصن
branche (f)	ɣuṣn (m)	غصن
bourgeon (m)	bur'um (m)	برعم
aiguille (f)	ʃawka (f)	شوكة
pomme (f) de pin	kūz aṣ ṣanawbar (m)	كوز الصنوبر
creux (m)	ʒawf (m)	جوف
nid (m)	'uʃʃ (m)	عشّ
terrier (m) (~ d'un renard)	ʒuḥr (m)	جحر
tronc (m)	ʒiðʿ (m)	جذع
racine (f)	ʒiðr (m)	جذر
écorce (f)	liḥā' (m)	لحاء
mousse (f)	ṭuḥlub (m)	طحلب
déraciner (vt)	iqtala'	إقتلع
abattre (un arbre)	qaṭa'	قطع
déboiser (vt)	azāl al ɣābāt	أزال الغابات
souche (f)	ʒiðʿ aʃ ʃaʒara (m)	جذع الشجرة
feu (m) de bois	nār muxayyam (m)	نار مخيّم
incendie (m)	ḥarīq ɣāba (m)	حريق غابة
éteindre (feu)	aṭfa'	أطفأ
garde (m) forestier	ḥāris al ɣāba (m)	حارس الغابة
protection (f)	ḥimāya (f)	حماية
protéger (vt)	ḥama	حمى
braconnier (m)	sāriq aṣ ṣayd (m)	سارق الصيد
piège (m) à mâchoires	maṣyada (f)	مصيدة
cueillir (vt)	ʒama'	جمع
s'égarer (vp)	tāh	تاه

84. Les ressources naturelles

ressources (f pl) naturelles	θarawāt ṭabī'iyya (pl)	ثروات طبيعيّة
minéraux (m pl)	ma'ādin (pl)	معادن
gisement (m)	makāmin (pl)	مكامن
champ (m) (~ pétrolifère)	ḥaql (m)	حقل
extraire (vt)	istaxraʒ	إستخرج
extraction (f)	istixrāʒ (m)	إستخراج
minerai (m)	xām (m)	خام
mine (f) (site)	manʒam (m)	منجم
puits (m) de mine	manʒam (m)	منجم
mineur (m)	'āmil manʒam (m)	عامل منجم
gaz (m)	ɣāz (m)	غاز
gazoduc (m)	xaṭṭ anābīb ɣāz (m)	خط أنابيب غاز

pétrole (m)	naft (m)	نفط
pipeline (m)	anābīb an naft (pl)	أنابيب النفط
tour (f) de forage	bi'r an naft (m)	بئر النفط
derrick (m)	ḥaffāra (f)	حفّارة
pétrolier (m)	nāqilat an naft (f)	ناقلة النفط
sable (m)	raml (m)	رمل
calcaire (m)	ḥaӡar kalsiy (m)	حجر كلسيّ
gravier (m)	ḥaṣa (m)	حصى
tourbe (f)	χaθθ fahm nabātiy (m)	خثّ فحم نباتيّ
argile (f)	ṭīn (m)	طين
charbon (m)	fahm (m)	فحم
fer (m)	ḥadīd (m)	حديد
or (m)	ðahab (m)	ذهب
argent (m)	fiḍḍa (f)	فضّة
nickel (m)	nikil (m)	نيكل
cuivre (m)	nuḥās (m)	نحاس
zinc (m)	zink (m)	زنك
manganèse (m)	manɣanīz (m)	منغنيز
mercure (m)	zi'baq (m)	زئبق
plomb (m)	ruṣāṣ (m)	رصاص
minéral (m)	maʿdan (m)	معدن
cristal (m)	ballūra (f)	بلّورة
marbre (m)	ruχām (m)	رخام
uranium (m)	yurānuim (m)	يورانيوم

85. Le temps

temps (m)	ṭaqs (m)	طقس
météo (f)	naʃra ӡawwiyya (f)	نشرة جوّيّة
température (f)	ḥarāra (f)	حرارة
thermomètre (m)	tirmūmitr (m)	ترمومتر
baromètre (m)	barūmitr (m)	بارومتر
humide (adj)	raṭib	رطب
humidité (f)	ruṭūba (f)	رطوبة
chaleur (f) (canicule)	ḥarāra (f)	حرارة
torride (adj)	ḥārr	حارّ
il fait très chaud	al ӡaww ḥarr	الجوّ حارّ
il fait chaud	al ӡaww dāfi'	الجوّ دافئ
chaud (modérément)	dāfi'	دافئ
il fait froid	al ӡaww bārid	الجوّ بارد
froid (adj)	bārid	بارد
soleil (m)	ʃams (f)	شمس
briller (soleil)	aḍā'	أضاء
ensoleillé (jour ~)	muʃmis	مشمس
se lever (vp)	ʃaraq	شرق
se coucher (vp)	ɣarab	غرب

nuage (m)	saḥāba (f)	سحابة
nuageux (adj)	ɣā'im	غائم
nuée (f)	saḥābat maṭar (f)	سحابة مطر
sombre (adj)	ɣā'im	غائم
pluie (f)	maṭar (m)	مطر
il pleut	innaha tamṭur	إنّها تمطر
pluvieux (adj)	mumṭir	ممطر
bruiner (v imp)	raðð	رذّ
pluie (f) torrentielle	maṭar munhamir (f)	مطر منهمر
averse (f)	maṭar ɣazīr (m)	مطر غزير
forte (la pluie ~)	ʃadīd	شديد
flaque (f)	birka (f)	بركة
se faire mouiller	ibtall	إبتلَ
brouillard (m)	ḍabāb (m)	ضباب
brumeux (adj)	muḍabbab	مضبّب
neige (f)	θalʒ (m)	ثلج
il neige	innaha taθluʒ	إنّها تثلج

86. Les intempéries. Les catastrophes naturelles

orage (m)	'āṣifa ra'diyya (f)	عاصفة رعديّة
éclair (m)	barq (m)	برق
éclater (foudre)	baraq	برق
tonnerre (m)	ra'd (m)	رعد
gronder (tonnerre)	ra'ad	رعد
le tonnerre gronde	tar'ad as samā'	ترعد السماء
grêle (f)	maṭar bard (m)	مطر برد
il grêle	tamṭur as samā' bardan	تمطر السماء بردًا
inonder (vt)	ɣamar	غمر
inondation (f)	fayaḍān (m)	فيضان
tremblement (m) de terre	zilzāl (m)	زلزال
secousse (f)	hazza arḍiyya (f)	هزّة أرضيّة
épicentre (m)	markaz az zilzāl (m)	مركز الزلزال
éruption (f)	θawrān (m)	ثوران
lave (f)	ḥumam burkāniyya (pl)	حمم بركانيّة
tourbillon (m), tornade (f)	i'ṣār (m)	إعصار
typhon (m)	ṭūfān (m)	طوفان
ouragan (m)	i'ṣār (m)	إعصار
tempête (f)	'āṣifa (f)	عاصفة
tsunami (m)	tsunāmi (m)	تسونامي
cyclone (m)	i'ṣār (m)	إعصار
intempéries (f pl)	ṭaqs sayyi' (m)	طقس سيّء
incendie (m)	ḥarīq (m)	حريق

catastrophe (f)	kāriθa (f)	كارثة
météorite (m)	ḥaʒar nayzakiy (m)	حجر نيزكيّ
avalanche (f)	inhiyār θalʒiy (m)	إنهيار ثلجيّ
éboulement (m)	inhiyār θalʒiy (m)	إنهيار ثلجيّ
blizzard (m)	ʿāṣifa θalʒiyya (f)	عاصفة ثلجيّة
tempête (f) de neige	ʿāṣifa θalʒiyya (f)	عاصفة ثلجيّة

LA FAUNE

87. Les mammifères. Les prédateurs

prédateur (m)	ḥayawān muftaris (m)	حيوان مفترس
tigre (m)	namir (m)	نمر
lion (m)	asad (m)	أسد
loup (m)	ði'b (m)	ذئب
renard (m)	θa'lab (m)	ثعلب
jaguar (m)	namir amrīkiy (m)	نمر أمريكيّ
léopard (m)	fahd (m)	فهد
guépard (m)	namir ṣayyād (m)	نمر صيّاد
panthère (f)	namir aswad (m)	نمر أسود
puma (m)	būma (m)	بوما
léopard (m) de neiges	namir aθ θulūʒ (m)	نمر الثلوج
lynx (m)	waʃaq (m)	وشق
coyote (m)	qayūṭ (m)	قيوط
chacal (m)	ibn 'āwa (m)	ابن آوى
hyène (f)	ḍabuʿ (m)	ضبع

88. Les animaux sauvages

animal (m)	ḥayawān (m)	حيوان
bête (f)	ḥayawān (m)	حيوان
écureuil (m)	sinʒāb (m)	سنجاب
hérisson (m)	qumfuð (m)	قنفذ
lièvre (m)	arnab barriy (m)	أرنب برّيّ
lapin (m)	arnab (m)	أرنب
blaireau (m)	ɣarīr (m)	غرير
raton (m)	rākūn (m)	راكون
hamster (m)	qidād (m)	قداد
marmotte (f)	marmuṭ (m)	مرموط
taupe (f)	χuld (m)	خلد
souris (f)	fa'r (m)	فأر
rat (m)	ʒurað (m)	جرذ
chauve-souris (f)	χuffāʃ (m)	خفّاش
hermine (f)	qāqum (m)	قاقم
zibeline (f)	sammūr (m)	سمّور
martre (f)	dalaq (m)	دلق
belette (f)	ibn ʿirs (m)	إبن عرس
vison (m)	mink (m)	منك

castor (m)	qundus (m)	قندس
loutre (f)	quḍā'a (f)	قضاعة
cheval (m)	ḥiṣān (m)	حصان
élan (m)	mūz (m)	موظ
cerf (m)	ayyil (m)	أَيِّل
chameau (m)	ʒamal (m)	جمل
bison (m)	bisūn (m)	بيسون
aurochs (m)	θawr barriy (m)	ثور بَرّيّ
buffle (m)	ʒāmūs (m)	جاموس
zèbre (m)	ḥimār zarad (m)	حمار زرد
antilope (f)	zabiy (m)	ظبي
chevreuil (m)	yaḥmūr (m)	يحمور
biche (f)	ayyil asmar urubbiy (m)	أَيِّل أَسمر أُوروبيّ
chamois (m)	ʃamwāh (f)	شامواه
sanglier (m)	xinzīr barriy (m)	خنزير بَرّيّ
baleine (f)	ḥūt (m)	حوت
phoque (m)	fuqma (f)	فقمة
morse (m)	fazz (m)	فظّ
ours (m) de mer	fuqmat al firā' (f)	فقمة الفراء
dauphin (m)	dilfīn (m)	دلفين
ours (m)	dubb (m)	دبّ
ours (m) blanc	dubb quṭbiy (m)	دبّ قطبيّ
panda (m)	bānda (m)	باندا
singe (m)	qird (m)	قرد
chimpanzé (m)	ʃimbanzi (m)	شيمبانزي
orang-outang (m)	urangutān (m)	أورنغوتان
gorille (m)	ɣurīlla (f)	غوريلا
macaque (m)	qird al makāk (m)	قرد المكاك
gibbon (m)	ʒibbūn (m)	جيبون
éléphant (m)	fīl (m)	فيل
rhinocéros (m)	xartīt (m)	خرتيت
girafe (f)	zarāfa (f)	زرافة
hippopotame (m)	faras an nahr (m)	فرس النهر
kangourou (m)	kanɣar (m)	كنغر
koala (m)	kuala (m)	كوالا
mangouste (f)	nims (m)	نمس
chinchilla (m)	ʃinʃīla (f)	شنشيلة
mouffette (f)	zaribān (m)	ظربان
porc-épic (m)	nīṣ (m)	نيص

89. Les animaux domestiques

chat (m) (femelle)	qiṭṭa (f)	قطّة
chat (m) (mâle)	ðakar al qiṭṭ (m)	ذكر القطّ
chien (m)	kalb (m)	كلب

cheval (m)	ḥiṣān (m)	حصان
étalon (m)	faḥl al ẖayl (m)	فحل الخيل
jument (f)	unθa al faras (f)	أنثى الفرس
vache (f)	baqara (f)	بقرة
taureau (m)	θawr (m)	ثور
bœuf (m)	θawr (m)	ثور
brebis (f)	ẖarūf (f)	خروف
mouton (m)	kabʃ (m)	كبش
chèvre (f)	mā'iz (m)	ماعز
bouc (m)	ðakar al mā'ið (m)	ذكر الماعز
âne (m)	ḥimār (m)	حمار
mulet (m)	baɣl (m)	بغل
cochon (m)	ẖinzīr (m)	خنزير
pourceau (m)	ẖannūṣ (m)	خنّوص
lapin (m)	arnab (m)	أرنب
poule (f)	daʒāʒa (f)	دجاجة
coq (m)	dīk (m)	ديك
canard (m)	baṭṭa (f)	بطّة
canard (m) mâle	ðakar al baṭṭ (m)	ذكر البطّ
oie (f)	iwazza (f)	إوزّة
dindon (m)	dīk rūmiy (m)	ديك روميّ
dinde (f)	daʒāʒ rūmiy (m)	دجاج روميّ
animaux (m pl) domestiques	ḥayawānāt dawāʒin (pl)	حيوانات دواجن
apprivoisé (adj)	alīf	أليف
apprivoiser (vt)	allaf	ألّف
élever (vt)	rabba	ربّى
ferme (f)	mazra'a (f)	مزرعة
volaille (f)	ṭuyūr dāʒina (pl)	طيور داجنة
bétail (m)	māʃiya (f)	ماشية
troupeau (m)	qaṭī' (m)	قطيع
écurie (f)	isṭabl ẖayl (m)	إسطبل خيل
porcherie (f)	ḥaẓīrat al ẖanāzīr (f)	حظيرة الخنازير
vacherie (f)	zirībat al baqar (f)	زريبة البقر
cabane (f) à lapins	qunn al arānib (m)	قنّ الأرانب
poulailler (m)	qunn ad daʒāʒ (m)	قن الدجاج

90. Les oiseaux

oiseau (m)	ṭā'ir (m)	طائر
pigeon (m)	ḥamāma (f)	حمامة
moineau (m)	'uṣfūr (m)	عصفور
mésange (f)	qurquf (m)	قرقف
pie (f)	'aq'aq (m)	عقعق
corbeau (m)	ɣurāb aswad (m)	غراب أسود

corneille (f)	ɣurāb (m)	غراب
choucas (m)	zāɣ (m)	زاغ
freux (m)	ɣurāb al qayẓ (m)	غراب القيظ
canard (m)	baṭṭa (f)	بطّة
oie (f)	iwazza (f)	إوزّة
faisan (m)	tadarruʒ (m)	تدرّج
aigle (m)	nasr (m)	نسر
épervier (m)	bāz (m)	باز
faucon (m)	ṣaqr (m)	صقر
vautour (m)	raχam (m)	رخم
condor (m)	kundūr (m)	كندور
cygne (m)	timma (m)	تمّة
grue (f)	kurkiy (m)	كركي
cigogne (f)	laqlaq (m)	لقلق
perroquet (m)	babaɣā' (m)	ببغاء
colibri (m)	ṭannān (m)	طنّان
paon (m)	ṭāwūs (m)	طاووس
autruche (f)	na'āma (f)	نعامة
héron (m)	balaʃūn (m)	بلشون
flamant (m)	nuḥām wardiy (m)	نحام ورديّ
pélican (m)	baʒa'a (f)	بجعة
rossignol (m)	bulbul (m)	بلبل
hirondelle (f)	sunūnū (m)	سنونو
merle (m)	sumna (m)	سمنة
grive (f)	summuna muɣarrida (m)	سمنة مغرّدة
merle (m) noir	ʃaḥrūr aswad (m)	شحرور أسود
martinet (m)	samāma (m)	سمامة
alouette (f) des champs	qubbara (f)	قبّرة
caille (f)	sammān (m)	سمّان
pivert (m)	naqqār al χaʃab (m)	نقّار الخشب
coucou (m)	waqwāq (m)	وقواق
chouette (f)	būma (f)	بومة
hibou (m)	būm urāsiy (m)	بوم أوراسيّ
tétras (m)	dīk il χalanʒ (m)	ديك الخلنج
tétras-lyre (m)	ṭayhūʒ aswad (m)	طيهوج أسود
perdrix (f)	ḥaʒal (m)	حجل
étourneau (m)	zurzūr (m)	زرزور
canari (m)	kanāriy (m)	كناريّ
gélinotte (f) des bois	ṭayhūʒ il bunduq (m)	طيهوج البندق
pinson (m)	ʃurʃūr (m)	شرشور
bouvreuil (m)	diɣnāʃ (m)	دغناش
mouette (f)	nawras (m)	نورس
albatros (m)	al qaṭras (m)	القطرس
pingouin (m)	biṭrīq (m)	بطريق

91. Les poissons. Les animaux marins

brème (f)	abramīs (m)	أبراميس
carpe (f)	ʃabbūṭ (m)	شبّوط
perche (f)	farχ (m)	فرخ
silure (m)	qarmūṭ (m)	قرموط
brochet (m)	samak al karāki (m)	سمك الكراكي
saumon (m)	salmūn (m)	سلمون
esturgeon (m)	ḥaffʃ (m)	حفش
hareng (m)	rinʒa (f)	رنجة
saumon (m) atlantique	salmūn aṭlasiy (m)	سلمون أطلسيّ
maquereau (m)	usqumriy (m)	أسقمريّ
flet (m)	samak mufalṭaḥ (f)	سمك مفلطح
sandre (f)	samak sandar (m)	سمك سندر
morue (f)	qudd (m)	قدّ
thon (m)	tūna (f)	تونة
truite (f)	salmūn muraqqaṭ (m)	سلمون مرقّط
anguille (f)	ḥankalīs (m)	حنكليس
torpille (f)	ra''ād (m)	رعّاد
murène (f)	murāy (m)	موراي
piranha (m)	birāna (f)	بيرانا
requin (m)	qirʃ (m)	قرش
dauphin (m)	dilfīn (m)	دلفين
baleine (f)	ḥūt (m)	حوت
crabe (m)	salṭa'ūn (m)	سلطعون
méduse (f)	qindīl al baḥr (m)	قنديل البحر
pieuvre (f), poulpe (m)	uχṭubūṭ (m)	أخطبوط
étoile (f) de mer	naʒmat al baḥr (f)	نجمة البحر
oursin (m)	qumfuð al baḥr (m)	قنفذ البحر
hippocampe (m)	ḥiṣān al baḥr (m)	فرس البحر
huître (f)	maḥār (m)	محار
crevette (f)	ʒambari (m)	جمبريّ
homard (m)	istakūza (f)	إستكوزا
langoustine (f)	karkand ʃāik (m)	كركند شائك

92. Les amphibiens. Les reptiles

serpent (m)	θu'bān (m)	ثعبان
venimeux (adj)	sāmm	سامّ
vipère (f)	af'a (f)	أفعى
cobra (m)	kūbra (m)	كوبرا
python (m)	biθūn (m)	بيثون
boa (m)	buwā' (f)	بواء
couleuvre (f)	θu'bān al 'uʃb (m)	ثعبان العشب

serpent (m) à sonnettes	af'a al ӡalӡala (f)	أفعى الجلجلة
anaconda (m)	anakūnda (f)	أناكوندا
lézard (m)	siḥliyya (f)	سحليّة
iguane (m)	iɣwāna (f)	إغوانة
varan (m)	waral (m)	ورل
salamandre (f)	samandar (m)	سمندر
caméléon (m)	ḥirbā' (f)	حرباء
scorpion (m)	'aqrab (m)	عقرب
tortue (f)	sulaḥfāt (f)	سلحفاة
grenouille (f)	ḍifḍa' (m)	ضفدع
crapaud (m)	ḍifḍa' aṭ ṭīn (m)	ضفدع الطين
crocodile (m)	timsāḥ (m)	تمساح

93. Les insectes

insecte (m)	ḥaʃara (f)	حشرة
papillon (m)	farāʃa (f)	فراشة
fourmi (f)	namla (f)	نملة
mouche (f)	ðubāba (f)	ذبابة
moustique (m)	namūsa (f)	ناموسة
scarabée (m)	xunfusa (f)	خنفسة
guêpe (f)	dabbūr (m)	دبّور
abeille (f)	naḥla (f)	نحلة
bourdon (m)	naḥla ṭannāna (f)	نحلة طنّانة
œstre (m)	na'ra (f)	نعرة
araignée (f)	'ankabūt (m)	عنكبوت
toile (f) d'araignée	nasīӡ 'ankabūt (m)	نسيج عنكبوت
libellule (f)	ya'sūb (m)	يعسوب
sauterelle (f)	ӡarād (m)	جراد
papillon (m)	'itta (f)	عتّة
cafard (m)	ṣurṣūr (m)	صرصور
tique (f)	qurāda (f)	قرادة
puce (f)	burɣūθ (m)	برغوث
moucheron (m)	ba'ūḍa (f)	بعوضة
criquet (m)	ӡarād (m)	جراد
escargot (m)	ḥalzūn (m)	حلزون
grillon (m)	ṣarrār al layl (m)	صرّار الليل
luciole (f)	yarā'a muḍī'a (f)	يراعة مضيئة
coccinelle (f)	da'sūqa (f)	دعسوقة
hanneton (m)	xunfusa kabīra (f)	خنفسة كبيرة
sangsue (f)	'alaqa (f)	علقة
chenille (f)	yasrū' (m)	يسروع
ver (m)	dūda (f)	دودة
larve (f)	yaraqa (f)	يرقة

LA FLORE

94. Les arbres

arbre (m)	ʃaʒara (f)	شجرة
à feuilles caduques	nafḍiyya	نفضيّة
conifère (adj)	ṣanawbariyya	صنوبريّة
à feuilles persistantes	dā'imat al xuḍra	دائمة الخضرة
pommier (m)	ʃaʒarat tuffāḥ (f)	شجرة تفّاح
poirier (m)	ʃaʒarat kummaθra (f)	شجرة كمّثرى
merisier (m), cerisier (m)	ʃaʒarat karaz (f)	شجرة كرز
prunier (m)	ʃaʒarat barqūq (f)	شجرة برقوق
bouleau (m)	batūla (f)	بتولا
chêne (m)	ballūṭ (f)	بلّوط
tilleul (m)	ʃaʒarat zayzafūn (f)	شجرة زيزفون
tremble (m)	ḥawr raʒrāʒ (m)	حور رجراج
érable (m)	qayqab (f)	قيقب
épicéa (m)	ratinaʒ (f)	راتينج
pin (m)	ṣanawbar (f)	صنوبر
mélèze (m)	arziyya (f)	أرزيّة
sapin (m)	tannūb (f)	تنّوب
cèdre (m)	arz (f)	أرز
peuplier (m)	ḥawr (f)	حور
sorbier (m)	ɣubayrā' (f)	غبيراء
saule (m)	ṣafsāf (f)	صفصاف
aune (m)	ʒār il mā' (m)	جار الماء
hêtre (m)	zān (m)	زان
orme (m)	dardār (f)	دردار
frêne (m)	marān (f)	مران
marronnier (m)	kastanā' (f)	كستناء
magnolia (m)	maɣnūliya (f)	مغنوليا
palmier (m)	naxla (f)	نخلة
cyprès (m)	sarw (f)	سرو
palétuvier (m)	ayka sāḥiliyya (f)	أيكة ساحليّة
baobab (m)	bāubāb (f)	باوباب
eucalyptus (m)	ukaliptus (f)	أوكاليبتوس
séquoia (m)	siqūya (f)	سيكويا

95. Les arbustes

buisson (m)	ʃuʒayra (f)	شجيرة
arbrisseau (m)	ʃuʒayrāt (pl)	شجيرات

vigne (f)	karma (f)	كَرمة
vigne (f) (vignoble)	karam (m)	كَرم
framboise (f)	tūt al 'ullayq al aḥmar (m)	توت العلّيق الأحمر
groseille (f) rouge	kiʃmiʃ aḥmar (m)	كشمش أحمر
groseille (f) verte	'inab aθ θa'lab (m)	عنب الثعلب
acacia (m)	sanṭ (f)	سنط
berbéris (m)	amīr barīs (m)	أمير باريس
jasmin (m)	yāsmīn (m)	ياسمين
genévrier (m)	'ar'ar (m)	عرعر
rosier (m)	ʃuʒayrat ward (f)	شجيرة ورد
églantier (m)	ward ʒabaliy (m)	ورد جبليّ

96. Les fruits. Les baies

fruit (m)	θamra (f)	ثمرة
fruits (m pl)	θamr (m)	ثمر
pomme (f)	tuffāḥa (f)	تفّاحة
poire (f)	kummaθra (f)	كمّثرى
prune (f)	barqūq (m)	برقوق
fraise (f)	farawla (f)	فراولة
merise (f), cerise (f)	karaz (m)	كرز
raisin (m)	'inab (m)	عنب
framboise (f)	tūt al 'ullayq al aḥmar (m)	توت العلّيق الأحمر
cassis (m)	'inab aθ θa'lab al aswad (m)	عنب الثعلب الأسود
groseille (f) rouge	kiʃmiʃ aḥmar (m)	كشمش أحمر
groseille (f) verte	'inab aθ θa'lab (m)	عنب الثعلب
canneberge (f)	tūt aḥmar barriy (m)	توت أحمر برّيّ
orange (f)	burtuqāl (m)	برتقال
mandarine (f)	yūsufiy (m)	يوسفي
ananas (m)	ananās (m)	أناناس
banane (f)	mawz (m)	موز
datte (f)	tamr (m)	تمر
citron (m)	laymūn (m)	ليمون
abricot (m)	miʃmiʃ (f)	مشمش
pêche (f)	durrāq (m)	دراق
kiwi (m)	kiwi (m)	كيوي
pamplemousse (m)	zinbā' (m)	زنباع
baie (f)	ḥabba (f)	حبّة
baies (f pl)	ḥabbāt (pl)	حبّات
airelle (f) rouge	'inab aθ θawr (m)	عنب الثور
fraise (f) des bois	farāwla barriyya (f)	فراولة برّيّة
myrtille (f)	'inab al aḥrāʒ (m)	عنب الأحراج

97. Les fleurs. Les plantes

fleur (f)	zahra (f)	زهرة
bouquet (m)	bāqat zuhūr (f)	باقة زهور
rose (f)	warda (f)	وردة
tulipe (f)	tulīb (f)	توليب
oeillet (m)	qurumful (m)	قرنفل
glaïeul (m)	dalbūθ (f)	دلبوث
bleuet (m)	turunʃāh (m)	ترنشاه
campanule (f)	ʒarīs (m)	جريس
dent-de-lion (f)	hindibā' (f)	هندباء
marguerite (f)	babunʒ (m)	بابونج
aloès (m)	aluwwa (m)	أَلوَّة
cactus (m)	ṣabbār (m)	صبّار
ficus (m)	tīn (m)	تين
lis (m)	sawsan (m)	سوسن
géranium (m)	ibrat ar rā'i (f)	إبرة الراعي
jacinthe (f)	zanbaq (f)	زنبق
mimosa (m)	mimūza (f)	ميموزا
jonquille (f)	narʒis (f)	نرجس
capucine (f)	abu χanʒar (f)	أبو خنجر
orchidée (f)	saḥlab (f)	سحلب
pivoine (f)	fawniya (f)	فاوانيا
violette (f)	banafsaʒ (f)	بنفسج
pensée (f)	banafsaʒ muθallaθ (m)	بنفسج مثلث
myosotis (m)	'āðān al fa'r (pl)	آذان الفأر
pâquerette (f)	uqḥuwān (f)	أقحوان
coquelicot (m)	χaʃχāʃ (f)	خشخاش
chanvre (m)	qinnab (m)	قنب
menthe (f)	na'nā' (m)	نعناع
muguet (m)	sawsan al wādi (m)	سوسن الوادي
perce-neige (f)	zahrat al laban (f)	زهرة اللبن
ortie (f)	qarrāṣ (m)	قرّاص
oseille (f)	ḥammāḍ (m)	حمّاض
nénuphar (m)	nilūfar (m)	نيلوفر
fougère (f)	saraχs (m)	سرخس
lichen (m)	uʃna (f)	أشنة
serre (f) tropicale	dafī'a (f)	دفيئة
gazon (m)	'uʃb (m)	عشب
parterre (m) de fleurs	ʒunaynat zuhūr (f)	جنينة زهور
plante (f)	nabāt (m)	نبات
herbe (f)	'uʃb (m)	عشب
brin (m) d'herbe	'uʃba (f)	عشبة

feuille (f)	waraqa (f)	ورقة
pétale (m)	waraqat az zahra (f)	ورقة الزهرة
tige (f)	sāq (f)	ساق
tubercule (m)	darnat nabāt (f)	درنة نبات
pousse (f)	nabta sayīra (f)	نبتة صغيرة
épine (f)	ʃawka (f)	شوكة
fleurir (vi)	nawwar	نوّر
se faner (vp)	ðabal	ذبل
odeur (f)	rā'iḥa (f)	رائحة
couper (vt)	qaṭaʿ	قطع
cueillir (fleurs)	qaṭaf	قطف

98. Les céréales

grains (m pl)	ḥubūb (pl)	حبوب
céréales (f pl) (plantes)	maḥāṣīl al ḥubūb (pl)	محاصيل الحبوب
épi (m)	sumbula (f)	سنبلة
blé (m)	qamḥ (m)	قمح
seigle (m)	ʒāwdār (m)	جاودار
avoine (f)	ʃūfān (m)	شوفان
millet (m)	duxn (m)	دخن
orge (f)	ʃaʿīr (m)	شعير
maïs (m)	ðura (f)	ذرّة
riz (m)	urz (m)	أرز
sarrasin (m)	ḥinṭa sawdā' (f)	حنطة سوداء
pois (m)	bisilla (f)	بسلّة
haricot (m)	faṣūliya (f)	فاصوليا
soja (m)	fūl aṣ ṣūya (m)	فول الصويا
lentille (f)	ʿadas (m)	عدس
fèves (f pl)	fūl (m)	فول

LES PAYS DU MONDE

99. Les pays du monde. Partie 1

Afghanistan (m)	afɣanistān (f)	أفغانستان
Albanie (f)	albāniya (f)	ألبانيا
Allemagne (f)	almāniya (f)	ألمانيا
Angleterre (f)	inʒiltirra (f)	إنجلترَا
Arabie (f) Saoudite	as sa'ūdiyya (f)	السعوديّة
Argentine (f)	arʒantīn (f)	الأرجنتين
Arménie (f)	armīniya (f)	أرمينيا
Australie (f)	usturāliya (f)	أستراليا
Autriche (f)	an nimsa (f)	النمسا
Azerbaïdjan (m)	aðarbiʒān (m)	أذربيجان
Bahamas (f pl)	ʒuzur bahāmas (pl)	جزر باهاماس
Bangladesh (m)	banʒladīʃ (f)	بنجلاديش
Belgique (f)	balʒīka (f)	بلجيكا
Biélorussie (f)	bilarūs (f)	بيلاروس
Bolivie (f)	bulīviya (f)	بوليفيا
Bosnie (f)	al busna wal hirsuk (f)	البوسنة والهرسك
Brésil (m)	al brazīl (f)	البرازيل
Bulgarie (f)	bulɣāriya (f)	بلغاريا
Cambodge (m)	kambūdya (f)	كمبوديا
Canada (m)	kanada (f)	كندا
Chili (m)	tʃīli (f)	تشيلي
Chine (f)	aṣ ṣīn (f)	الصين
Chypre (m)	qubruṣ (f)	قبرص
Colombie (f)	kulumbiya (f)	كولومبيا
Corée (f) du Nord	kūria aʃ ʃimāliyya (f)	كوريا الشماليّة
Corée (f) du Sud	kuriya al ʒanūbiyya (f)	كوريا الجنوبيّة
Croatie (f)	kruātiya (f)	كرواتيا
Cuba (f)	kūba (f)	كوبا
Danemark (m)	ad danimārk (f)	الدانمارك
Écosse (f)	iskutlanda (f)	اسكتلندا
Égypte (f)	miṣr (f)	مصر
Équateur (m)	al iqwadūr (f)	الإكوادور
Espagne (f)	isbāniya (f)	إسبانيا
Estonie (f)	istūniya (f)	إستونيا
Les États Unis	al wilāyāt al muttahida al amrīkiyya (pl)	الولايات المتّحدة الأمريكيّة
Fédération (f) des Émirats Arabes Unis	al imārāt al 'arabiyya al muttahida (pl)	الإمارات العربيّة المتّحدة
Finlande (f)	finlanda (f)	فنلندا
France (f)	faransa (f)	فرنسا
Géorgie (f)	ʒūrʒiya (f)	جورجيا
Ghana (m)	ɣāna (f)	غانا

| Grande-Bretagne (f) | briṭāniya al 'uẓma (f) | بريطانيا العظمى |
| Grèce (f) | al yūnān (f) | اليونان |

100. Les pays du monde. Partie 2

| Haïti (m) | haïti (f) | هايتي |
| Hongrie (f) | al maʒar (f) | المجر |

Inde (f)	al hind (f)	الهند
Indonésie (f)	indunīsiya (f)	إندونيسيا
Iran (m)	ʾīrān (f)	إيران
Iraq (m)	al 'irāq (m)	العراق
Irlande (f)	irlanda (f)	أيرلندا
Islande (f)	'āyslanda (f)	آيسلندا

| Israël (m) | isrāʾīl (f) | إسرائيل |
| Italie (f) | iṭāliya (f) | إيطاليا |

Jamaïque (f)	ʒamāyka (f)	جامايكا
Japon (m)	al yabān (f)	اليابان
Jordanie (f)	al urdun (m)	الأردن
Kazakhstan (m)	kazaχstān (f)	كازاخستان
Kenya (m)	kiniya (f)	كينيا

| Kirghizistan (m) | qirɣizistān (f) | قيرغيزستان |
| Koweït (m) | al kuwayt (f) | الكويت |

Laos (m)	lawus (f)	لاوس
Lettonie (f)	lātviya (f)	لاتفيا
Liban (m)	lubnān (f)	لبنان
Libye (f)	lībiya (f)	ليبيا
Liechtenstein (m)	liʃtinʃtāyn (m)	ليشتنشتاين

| Lituanie (f) | litwāniya (f) | ليتوانيا |
| Luxembourg (m) | luksimburɣ (f) | لوكسمبورغ |

Macédoine (f)	maqdūniya (f)	مقدونيا
Madagascar (f)	madaɣaʃqar (f)	مدغشقر
Malaisie (f)	malīziya (f)	ماليزيا
Malte (f)	malṭa (f)	مالطا
Maroc (m)	al maɣrib (m)	المغرب

| Mexique (m) | al maksīk (f) | المكسيك |
| Moldavie (f) | muldāviya (f) | مولدافيا |

Monaco (m)	munāku (f)	موناكو
Mongolie (f)	manɣūliya (f)	منغوليا
Monténégro (m)	al ʒabal al aswad (m)	الجبل الأسود
Myanmar (m)	myanmār (f)	ميانمار
Namibie (f)	namībiya (f)	ناميبيا
Népal (m)	nibāl (f)	نبال
Norvège (f)	an nirwīʒ (f)	النرويج
Nouvelle Zélande (f)	nyu zilanda (f)	نيوزيلندا
Ouzbékistan (m)	uzbikistān (f)	أوزبكستان

101. Les pays du monde. Partie 3

Pakistan (m)	bakistān (f)	باكستان
Palestine (f)	filisṭīn (f)	فلسطين
Panamá (m)	banama (f)	بنما
Paraguay (m)	baraɣwāy (f)	باراغواي
Pays-Bas (m)	hulanda (f)	هولندا
Pérou (m)	biru (f)	بيرو
Pologne (f)	bulanda (f)	بولندا
Polynésie (f) Française	bulinīziya al faransiyya (f)	بولينزيا الفرنسيّة
Portugal (m)	al burtuɣāl (f)	البرتغال
République (f) Dominicaine	ʒumhūriyyat ad duminikan (f)	جمهوريّة الدومينيكان
République (f) Sud-africaine	ʒumhūriyyat afrīqiya al ʒanūbiyya (f)	جمهريّة أفريقيا الجنوبيّة
République (f) Tchèque	atʃ tʃīk (f)	التشيك
Roumanie (f)	rumāniya (f)	رومانيا
Russie (f)	rūsiya (f)	روسيا
Sénégal (m)	as siniɣāl (f)	السنغال
Serbie (f)	ṣirbiya (f)	صربيا
Slovaquie (f)	sluvākiya (f)	سلوفاكيا
Slovénie (f)	sluvīniya (f)	سلوفينيا
Suède (f)	as suwayd (f)	السويد
Suisse (f)	swīsra (f)	سويسرا
Surinam (m)	surinām (f)	سورينام
Syrie (f)	sūriya (f)	سوريا
Tadjikistan (m)	ṭaʒīkistān (f)	طاجيكستان
Taïwan (m)	taywān (f)	تايوان
Tanzanie (f)	tanzāniya (f)	تنزانيا
Tasmanie (f)	tasmāniya (f)	تاسمانيا
Thaïlande (f)	taylānd (f)	تايلاند
Tunisie (f)	tūnis (f)	تونس
Turkménistan (m)	turkmānistān (f)	تركمانستان
Turquie (f)	turkiya (f)	تركيا
Ukraine (f)	ukrāniya (f)	أوكرانيا
Uruguay (m)	uruɣwāy (f)	الأوروغواي
Vatican (m)	al vatikān (m)	الفاتيكان
Venezuela (f)	vinizwiyla (f)	فنزويلا
Vietnam (m)	vitnām (f)	فيتنام
Zanzibar (m)	zanʒibār (f)	زنجبار

www.ingramcontent.com/pod-product-compliance
Lightning Source LLC
Chambersburg PA
CBHW070833050426
42452CB00011B/2255